房地产会计
全流程真账实操

徐琴 著

北京理工大学出版社
BEIJING INSTITUTE OF TECHNOLOGY PRESS

图书在版编目（CIP）数据

房地产会计全流程真账实操／徐琴著. —北京：北京理工大学出版社，2015.12

ISBN 978－7－5682－1454－4

Ⅰ. ①房…　Ⅱ. ①徐…　Ⅲ. ①房地产企业－会计　Ⅳ. ①F293.33

中国版本图书馆 CIP 数据核字（2015）第 259328 号

出版发行／北京理工大学出版社有限责任公司
社　　址／北京市海淀区中关村南大街 5 号
邮　　编／100081
电　　话／（010）68914775（总编室）
　　　　　82562903（教材售后服务热线）
　　　　　68948351（其他图书服务热线）
网　　址／http：//www.bitpress.com.cn
经　　销／全国各地新华书店
印　　刷／北京画中画印刷有限公司
开　　本／710 毫米×1000 毫米　1/16
印　　张／17　　　　责任编辑／钟　博
字　　数／210 千字　　　　文案编辑／钟　博
版　　次／2015 年 12 月第 1 版　2015 年 12 月第 1 次印刷　　　　责任校对／周瑞红
定　　价／38.00 元　　　　责任印制／边心超

前言

全书力求从实务出发，让实际操作人员有章可循，并照顾初涉房地产开发企业的财税人员的阅读习惯，突出了以下特点：

(1) 实战性。摒弃传统模式，本书以房地产开发企业设立、货币资金的核算、材料与设备的核算、工程成本的核算、成本的核算、销售转让出租的核算、投资性房地产、利润和利润分配的核算、财务报告等具体的业务流程为主线，对流程中的每个环节所涉及的主要内容逐一剖析，对于实务中的敏感问题、重点问题力求全面透彻分析。

(2) 工具性。作为案头工具书，有助于房地产企业会计解决实战中遇到的问题。

(3) 案例丰富。本书选取了众多案例来配合相关内容的讲述，解答实务中遇到的问题，分析多来源于房地产开发企业的具体业务实践，贯穿本书始终。

本书适合对房地产企业会计不太熟悉和有一定经验的财会人员使用。全书以项目开发流程为主线，贴近房地产企业会计核算的实际，对开发过程中涉及的会计核算进行详细的研究和介绍，内容全面，体系完整。本书结合大量房地产企业的实际案例对会计核算的内容和标准进行讲解，加深读者对会计核算方法的理解，提高财会工作者的实际应用能力。

本书可以作为普通高等院校房地产经济学、会计学等专业本科生的教材使用，也可以作为房地产开发企业管理人员和会计人员的参考用书。

目录

第四章　施工工程成本的核算

第五章　开发产品成本的核算

第六章　开发产品销售、转让、出租的核算

第七章　投资性房地产

第八章　利润和利润分配的核算

第九章　财务报告

第一章

企业设立阶段

第一节 设立阶段业务介绍

设立房地产开发企业需要满足《城市房地产管理法》《中华人民共和国城市房地产开发经营管理条例》（以下简称《城市房地产开发经营管理条例》）等相关法律法规的条件，设立房地产开发企业时投资者可以采用货币资金等不同的出资方式。房地产开发企业成立后进行房地产开发，根据《城市房地产开发经营管理条例》的规定，房地产开发企业需要申请办理相应的房地产开发资质。

一、房地产开发企业设立的条件

房地产开发企业的主要组织形式是房地产开发公司，设立房地产开发公司不仅要符合《公司法》的规定，还要符合《城市房地产管理法》《城市房地产开发经营管理条例》及省、自治区、直辖市人民政府规定的具体条件。

1.《公司法》规定的公司设立条件

房地产开发公司的主要形式为有限责任公司和股份有限公司，根据《公司法》的规定，这两种公司形式具体的设立条件略有不同。

（1）设立有限责任公司，应当具备下列条件：

①股东符合法定人数；

②股东出资达到法定资本最低限额；

③股东共同制定公司章程；

④有公司名称，建立符合有限责任公司要求的组织机构；

⑤有公司住所。

（2）设立股份有限公司，应当具备下列条件：

①发起人符合法定人数；

②发起人认购和募集的股本达到法定资本最低限额；

③股份发行、筹办事项符合法律规定；

④发起人制定公司章程，采用募集方式设立的需经创立大会通过；

⑤有公司名称，建立符合股份有限公司要求的组织机构；

⑥有公司住所。

2.《城市房地产管理法》规定的企业设立条件

设立房地产开发公司除了要满足《公司法》规定的条件外，还应该满足《城市房地产管理法》规定的条件。根据《城市房地产管理法》的规定，设立房地产开发企业应当具备下列条件：

（1）有自己的名称和组织机构；

（2）有固定的经营场所；

（3）有符合国务院规定的注册资本；

（4）有足够的专业技术人员；

（5）法律、行政法规规定的其他条件。

3.《城市房地产开发经营管理条例》规定的企业设立条件

根据《城市房地产开发经营管理条例》的规定，设立房地产开发企业，除应当符合有关法律、行政法规规定的企业设立条件外，还应当具备下列条件：

（1）有100万元以上的注册资本；

（2）有4名以上持有资格证书的房地产专业、建筑工程专业的专职技术人员，2名以上持有资格证书的专职会计人员。

《城市房地产开发经营管理条例》还规定，省、自治区、直辖市人民政府可以根据各地的实际情况，对设立房地产开发企业的注册资本和专业技术人员的条件作出高于前款的规定。

根据《公司法》《城市房地产管理法》和《城市房地产开发经营管理条例》等的规定，设立房地产开发企业，应当向工商行政管理部门申请设立登记。工商行政管理部门对符合相关法律法规规定条件的，应当予以登记，发给营业执照；对不符合相关法律法规规定条件的，不予登记。房地产开发企业在领取营业执照后的一个月内，应当到登记机关所在地的县级以上地方人民政府房地产开发主管部门备案。

二、房地产开发企业出资方式

根据《公司法》的规定，投资者可以用货币出资，也可以用实物、知识产权、土地使用权等可以用货币估价并可以依法转让的非货币财产作价出资；根据《公司注册资本登记管理规定》的规定，出资者不得以劳务、信用、自然人姓名、商誉、特许经营权或者设定担保的财产等作价出资。

1. 以货币出资

货币包括现金、银行存款和其他货币资金。根据《公司法》的规定，全体股东的货币出资金额不得低于有限责任公司注册资本的30%。

根据《中华人民共和国公司登记管理条例》和《公司注册资本登记管理规定》的规定，公司设立登记，股东或者发起人以货币出资的，应当将货币足额存入准备设立的公司在银行开设的临时账户。

2. 以非货币财产出资

非货币财产是指除货币以外的其他财产。根据《公司法》的规定，对作为出资的非货币财产应当评估作价，核实财产，不得高估或者低估作价。法律、行政法规对评估作价有规定的，从其规定。

公司设立登记时，以实物、工业产权、非专利技术及土地使用权等非货币资产出资的，按《公司法》的精神，要先办理财产权转移手续才能验资，但因为设立时无法办理财产权转移手续，所以实践中一般是按分期出资的方式，先以货币资金出资成立公司，之后在短期内办理土地使用权等非货币资产财产权转移手续，然后再办理验资手续。

3. 其他出资方式

股东以货币、实物、知识产权及土地使用权以外的其他财产出资的，其登记办法由国家工商行政管理总局会同国务院有关部门规定。

三、房地产开发企业开发经营资质

根据《城市房地产开发经营管理条例》的规定，房地产开发主管部门应当根据房地产开发商的资产、专业技术人员和业内成就等，核定其资质等级申请。房地产开发企业应当按照核定的资质从事房地产开发项目。

1. 房地产开发企业的资质等级

房地产开发商应当按照资质管理规定申请核定企业资质登记，未取得房地产开发资质等级证书的企业，不得开发及销售房地产。

房地产开发企业的资质分为一、二、三、四共四个等级，资质等级实行分级审批。其中，一级资质由有关省、自治区或直辖市人民政府的建设主管部门初审，然后经国务院建设主管部门终审；二级资质及二级资质以下开发商的核定办法由中央政府直接控制的有关省、自治区或直辖市人民政府的建设主管部门制定。经资质审查合格的房地产开发企业，由资质核定部门颁发相应等级的资质证书。

新设立的房地产开发企业向房地产开发主管部门备案后，房地产开发主管部门须于30日内向符合资格的房地产开发商发出暂定资质证书，自发证当日起有效期为1年，房地产开发主管部门可视企业实际经营情况将有效期延长不超过2年。房地产开发企业应在暂定资质证书有效期届满前 1 个月内向房地产开发主管部门申请核定资质等级。

2. 不同资质等级的经营范围

各资质等级的房地产开发企业仅可在核准的经营范围内从事房地产开发及销售业务，不得从事核准范围以外的业务。一级资质的房地产开发商不受房地产项目范围限制，可在全国范围内承办房地产开发项目；二级及以下资质的房地产开发商可承担建筑面积在 25 万平方米以下的项目，承担业务的具体范围由有关省、自治区或市级人民政府的建设主管部门负责。

3. 房地产开发商的资质年检

房地产开发企业的资质实行年检制度。一级资质房地产开发企业的资质年检由国务院建设行政主管部门或其授权机构负责；二级或以下资质开发企业的资质年检程序由有关省、自治区或市级人民政府的建设行政主管部门负责。

第二节　设立阶段会计处理

房地产开发企业设立阶段涉及的会计业务主要包括对接受投资者出资业务和开办费以及纳税业务的会计处理。

一、应设置的会计账户

房地产开发企业为了对设立阶段的业务进行核算，应当设置“实收资本（或股本）”“资本公积”账户。

1.“实收资本（或股本）”账户

“实收资本”账户核算房地产开发有限责任公司接受投资者投入的

实收资本，股份有限公司应设置“股本”账户。该账户贷方登记房地产开发企业接受投资者投入的资本，资本公积转增资本、股份有限公司分配股票股利等增加的实收资本；借方登记房地产开发企业按法定程序报经批准减少注册资本、股份有限公司采用收购本公司股票方式减资等减少的实收资本或者股本；期末贷方余额反映企业实收资本或股本总额。对房地产开发企业（中外合作经营）在合作期间归还投资者的投资，应在该账户设置“已归还投资”明细科目进行核算。实收资本或者股本按照不同的出资人进行明细核算。

2. “资本公积”账户

“资本公积”账户核算房地产开发企业收到投资者出资额超出其在注册资本或股本中所占份额的部分，以及直接计入所有者权益的利得和损失等。该账户贷方登记房地产开发企业接受投资者投入资本形成的资本公积；借方登记房地产开发企业用资本公积转增资本、股份有限公司采用收购本公司股票方式减资应减少的资本公积；期末贷方余额反映房地产开发企业的资本公积。该账户一般应当分“资本溢价（或股本溢价）”“其他资本公积”进行明细核算。

二、注册资本的核算

注册资本的核算包括对设立登记出资、增加注册资本出资的核算，以及减少注册资本的核算。

1. 设立登记时出资的核算

房地产开发企业接受投资者出资业务按照投资者不同的出资方式进行不同的会计处理。

（1）投资者以货币出资。

房地产开发企业收到投资人投入的货币资金，应在投资者将货币存入准备设立的公司在银行开设的临时账户时，依据银行加盖受理章的

《现金缴款单》，或者银行《进账单回单》的金额，借记“银行存款”科目；按投入资本在注册资本或股本中所占的份额，贷记“实收资本”或“股本”科目，按其差额，贷记“资本公积——资本溢价”或“资本公积——股本溢价”等科目。

在设立登记时采用货币出资的，需要把出资人的出资先转入临时账户，即验资账户，等公司成立后需要开设基本存款账户，所以要分两步进行账务处理。

【例1－1】A、B、C三公司共同出资设立朝雅房地产公司，公司注册资本为20 000 000元，A、B、C持股比例分别为50%、30%和20%。2015年3月20日，朝雅房地产公司如期收到各投资者一次性缴足的款项。

根据上述资料，投资者将资金存入临时验资账户时，依据银行进账单回单，朝雅房地产公司应作以下账务处理：

借：银行存款——验资户　　20 000 000

　贷：实收资本——A公司　　10 000 000

　　　　　　　——B公司　　6 000 000

　　　　　　　——C公司　　4 000 000

待公司成立后，开设基本存款账户，需要将临时存款账户的资金转入基本存款账户。

借：银行存款——××银行（基本户）　　20 000 000

　贷：银行存款——××银行（验资户）　　20 000 000

【例1－2】朝雅房地产股份有限公司发行普通股10 000 000股，每股面值为1元，发行价格为6元。股款60 000 000元已经全部收到，发行过程中发生相关税费30 000元。

根据上述资料，朝雅股份有限公司应作以下账务处理：

计入股本的金额 = 10 000 000 × 1 = 10 000 000（元）

计入资本公积的金额 =（6 - 1）×10 000 000 - 30 000 = 49 970 000（元）

借：银行存款　　　　　　　　　　　　　　59 970 000

　　贷：股本　　　　　　　　　　　　　　　　10 000 000

　　　　资本公积——股本溢价　　　　　　　　49 970 000

（2）投资者以非货币财产出资。

以实物资产出资的，应在办理财产转移手续时，按照评估确认的价值或合同、协议或公司章程约定的价值，借记有关资产科目，按投入资本在注册资本或股本中所占的份额，贷记“实收资本”或“股本”科目，按其差额，贷记“资本公积——资本溢价”或“资本公积——股本溢价”等科目。

①投资者以实物资产出资。

【例 1 - 3】A、B、C 三公司共同出资设立朝雅有限责任公司，公司注册资本为 20 000 000 元，A、B、C 公司持股比例分别为 50%、30% 和 20%。A、B 公司以货币资金出资，C 公司以设备进行投资，该设备公允价值为4 200 000元。2015 年 3 月 20 日，朝雅房地产公司如期收到各投资者一次性缴足的款项，C 公司于 2015 年 5 月 6 日办妥财产转移手续。

根据上述资料，A、B 将资金存入临时验资账户时，依据银行进账单回单，朝雅房地产公司应作以下账务处理：

借：银行存款　　　　　　　　　　　　　　16 000 000

　　贷：实收资本——A 公司　　　　　　　　　10 000 000

　　　　　　　　——B 公司　　　　　　　　　 6 000 000

C 公司办妥财产转移手续时，依据财产转移清单和评估确认价值证明文件，朝雅房地产公司应作以下账务处理：

借：固定资产　　4 200 000

　贷：实收资本——丙公司　　4 000 000

　　资本公积——资本溢价　　200 000

②投资者以土地使用权出资。

【例1-4】A、B、C三家公司共同出资设立朝雅房地产公司进行房地产开发，公司注册资本为20 000 000元，A、B、C公司持股比例分别为50%、30%和20%。A以土地使用权出资，土地使用权公允价值为10 000 000元，B、C公司以货币资金出资。2015年3月20日，朝雅房地产公司如期收到B、C公司一次性缴足的款项。

根据上述资料，A公司于2015年5月6日办妥验资手续，依据财产转移清单和评估确认价值证明文件，朝雅房地产公司应作以下账务处理：

借：开发成本　　10 000 000

　贷：实收资本——甲公司　　10 000 000

B、C公司将资金存入临时验资账户时，依据银行进账单回单，朝雅房地产公司应作以下账务处理：

借：银行存款　　10 000 000

　贷：实收资本——乙公司　　6 000 000

　　　　　　——丙公司　　4 000 000

③投资者以股权出资。

【例1-5】A、B、C三公司共同出资设立朝雅房地产公司，注册资本为20 000 000元，A、B、C持股比例分别为20%、30%和50%。C公司以其持有的甲公司的长期股权投资作价出资，A、B公司以货币资金出资。C公司对甲公司的长期股权投资账面价值为12 000 000元，A、

B、C公司在投资合同中约定，作为出资的该项长期股权投资作价10 000 000元，该作价是按照甲公司股票的市价经考虑相关调整因素后确定的。

投资者投入的长期股权投资，应当按照投资合同或协议约定的价值作为初始投资成本，但合同或协议约定的价值不公允的除外。

根据上述资料，在办理完股权交割后，朝雅房地产公司应作以下账务处理：

借：长期股权投资——甲公司　　12 000 000

　　贷：实收资本——C公司　　10 000 000

　　　　资本公积——资本溢价　　2 000 000

④股东投入非货币资产价值高于注册资本的处理。

【例1-6】朝雅房地产公司的注册资本为6 000万元，协议约定A方以土地使用权出资，出资额为4 200万元，占注册资本的70%，B方以货币资金出资，出资额为1 800万元，占注册资本的30%。A股东以实际拥有的土地使用权作价投资，经评估确认的价值为8 000万元，B股东以货币1 800万元出资。

按《企业会计准则第6号——无形资产》的规定，“投资者投入无形资产的成本，应当按照投资合同或协议约定的价值确定，但合同或协议约定价值不公允的除外”。一般来说，股东投资资产按《公司法》要求进行评估后，全体股东应该确认评估价值，在此基础上确定投资比例等后续事宜。如果A、B股东对所投入无形资产价值8 000万元确认无误，则应按8 000万元作为入账价值；如果B股东不同意该评估价值，经双方认定其价值为7 000万元，则在无反证的情况下，所涉及无形资产应以7 000万元确认价值入账。

A股东实际投入资产公允价值与其认缴出资额之间的差额应该将其

记入“其他应付款”科目，朝雅房地产公司应在办理验资手续时，依据银行进账单回单和评估确认价值证明文件，进行以下账务处理：

借：无形资产——土地使用权　　80 000 000
　　银行存款　　18 000 000
　　贷：实收资本——A 方　　60 000 000
　　　　其他应付款——A 方　　38 000 000

2. 增加注册资本的核算

房地产开发企业增加资本一般有三条途径：一是所有者（包括原企业所有者和新投资者）投入；二是将资本公积转为实收资本或者股本；三是将盈余公积转为实收资本。企业将盈余公积转增资本时，必须经股东大会决议批准。在实际将盈余公积转增资本时，要按股东原有持股比例结转。这里要注意的是，资本公积和盈余公积均属于所有者权益，转为实收资本或者股本时，企业如为独资企业，核算比较简单，直接结转即可；如为股份有限公司或有限责任公司，应按原投资者所持股份同比例增加各股东的股权。房地产开发企业在增加注册资本时按照增加注册资本的不同方式，进行不同的会计处理。

（1）所有者（包括原企业所有者和新投资者）投入。

所有者（包括原企业所有者和新投资者）接受投资者投入的资本，借记“银行存款”“固定资产”“无形资产”“长期股权投资”等科目，贷记“实收资本”或“股本”等科目。企业增加注册资本时有新投资者介入，新介入的投资者缴纳的出资额大于其按约定比例计算的其在注册资本中所占的份额部分，应作为资本公积，记入“资本公积——资本溢价”科目。

①投资者以货币出资。

房地产开发企业增加注册资本的，应在投资者将货币存入准备设立的公司在银行开设的临时账户时，依据银行加盖受理章的现金缴款单，或者银行进账单回单的金额，借记“银行存款”科目；按投入资本在注册资本或股本中所占的份额，贷记“实收资本”或“股本”科目，按其差额，贷记“资本公积——资本溢价”或“资本公积——股本溢价”等科目。

【例1－7】朝雅房地产公司由A、B公司共同投资设立，原注册资本为20 000 000元。A、B公司出资分别为10 200 000元、9 800 000元。2015年3月20日，C公司加入朝雅房地产公司，投入货币资金6 000 000元，经协商，C公司持股比例为20%，投资后的注册资本为25 000 000元。

根据上述资料，C公司投入资本时，朝雅房地产公司应作以下账务处理：

借：银行存款　　6 000 000

　贷：实收资本——C公司（25 000 000×20%）　　5 000 000

　　　资本公积——资本溢价　　1 000 000

②投资者以非货币财产出资。

以非货币财产增资时，股东或者发起人应当在依法办理财产转移手续后，依据财产移交清册，借记“固定资产”“无形资产”“长期股权投资”等科目，贷记“实收资本”或“股本”等科目。

【例1－8】朝雅房地产公司由A、B公司共同投资设立，原注册资本为20 000 000元。A、B公司出资分别为10 200 000元、9 800 000元。2012年3月20日，C公司加入朝雅房地产公司，投入土地使用权10 000 000元，经协商，C公司持股比例为30%。C公司于4月16日办妥土地使用权过户手续。朝雅房地产公司将土地使用权作为投资性房地产核算。

根据上述资料，朝雅房地产公司应作以下账务处理：

借：投资性房地产　　　　　　　　　　　　10 000 000

　　贷：实收资本——C 公司　　　　　　　　　9 000 000

　　　　资本公积——资本溢价　　　　　　　　1 000 000

③以债权出资。

以债务转为资本方式进行债务重组的，应分以下情况处理：债务人为股份有限公司时，债务人应将债权人因放弃债权而享有股份的面值总额确认为股本；股份的公允价值总额与股本之间的差额确认为资本公积。重组债务的账面价值与股份的公允价值总额之间的差额确认为债务重组利得，计入当期损益。债务人为其他企业时，债务人应将债权人因放弃债权而享有的股权份额确认为实收资本；股权的公允价值与实收资本之间的差额确认为资本公积。重组债务的账面价值与股权的公允价值之间的差额作为债务重组利得，计入当期损益。

【例 1－9】2015 年 7 月 1 日，A 公司应收 B 公司账款的账面余额为 120 000 元，由于 B 公司发生财务困难，无法偿还应付账款。经双方协商同意，采取将 B 公司所欠债务转为 B 公司股本的方式进行债务重组，假定 B 公司普通股的面值为 1 元，B 公司以 20 000 股抵偿该项债务，股票每股市价为 5 元。A 公司对该项应收账款计提了坏账准备 4 000 元。股票登记手续已办理完毕，A 公司对其作为长期股权投资处理。

股票的公允价值减去股票的面值总额，应计入资本公积 80 000 元（100 000－20 000），债务账面价值减去股票的公允价值应确认的债务重组利得 20 000 元（120 000－100 000），B 公司应作会计分录如下：

借：应付账款　　　　　　　　　　　　　　120 000

　　贷：股本　　　　　　　　　　　　　　　　20 000

　　　　资本公积——股本溢价　　　　　　　　80 000

　　　　营业外收入——债务重组利得　　　　　20 000

（2）将资本公积转为实收资本或者股本。

将资本公积转为实收资本或者股本。在办理增资手续后，依据股东大会决议，应借记“资本公积——资本溢价”或“资本公积——股本溢价”科目，贷记“实收资本”或“股本”科目。

【例1－10】朝雅房地产公司由A、B、C公司共同投资设立，原注册资本为2 000万元，A、B、C公司出资分别为1 000万元、600万元、400万元。为了扩大经营规模，经批准，朝雅房地产公司按照原出资比例将资本公积1 000万元转增资本。

根据上述资料，依据股东会决议，朝雅房地产公司应作以下账务处理：

借：资本公积　　　　10 000 000

　　贷：实收资本——A　　　　5 000 000

　　　　　　　　——B　　　　3 000 000

　　　　　　　　——C　　　　2 000 000

（3）将盈余公积转为实收资本。

将盈余公积转为实收资本。在办理增资手续后，依据股东大会决议，应借记“盈余公积”科目，贷记“实收资本”或“股本”科目。

【例1－11】朝雅房地产公司由A、B、C公司共同投资设立，A、B、C公司持股比例分别为50%、30%和20%。2015年3月20日，经股东会决议批准，将盈余公积1 000万元转增资本。

根据上述资料，朝雅房地产公司应作以下账务处理：

借：盈余公积　　　　10 000 000

　　贷：实收资本——A　　　　5 000 000

　　　　　　　　——B　　　　3 000 000

　　　　　　　　——C　　　　2 000 000

3. 实收资本减少的核算

房地产开发企业实收资本减少有两种原因：一是资本过剩；二是企业发生重大亏损。企业因资本过剩而减资，一般要发还股款。公司减少注册资本，应当符合《公司法》规定的程序，减少后的注册资本数额应当达到法律、行政法规规定的公司注册资本的最低限额并经验资机构验资。

有限责任公司和一般企业减少实收资本的会计处理比较简单，按法定程序报经批准减少注册资本的，按照股东大会批准文件借记“实收资本”科目，贷记“库存现金”“银行存款”等科目。

由于股份有限公司采用的是发行股票的方式筹集股本，发还股款时，则要回购发行的股票，发行股票的价格与股票面值可能不同，回购股票的价格也可能与发行价格不同，会计处理较为复杂。股份有限公司因减少注册资本而回购本公司股份的，应按实际支付的金额，借记“库存股”科目，贷记“银行存款”等科目。注销库存股时，应按股票面值和注销股数计算的股票面值总额，借记“股本”科目，按注销库存股的账面余额，贷记“库存股”科目，按其差额冲减股票发行时原计入资本公积的溢价部分，借记“资本公积——股本溢价”科目，回购价格超过上述冲减“股本”及“资本公积——股本溢价”科目的部分，应依次借记“盈余公积”“利润分配——未分配利润”等科目；如回购价格低于回购股份所对应的股本面额，所注销库存股的账面余额与所冲减股本的差额作为增加股本溢价处理，按回购股份所对应的股本面值，借记“股本”科目，按注销库存股的账面余额，贷记“库存股”科目，按其差额，贷记“资本公积——股本溢价”科目。

【例1－12】朝雅房地产公司经股东会决议减少注册资本1 000万元，2015年8月30日所有手续办理完毕，朝雅房地产公司的会计处理如下：

借：实收资本　　10 000 000

　　贷：银行存款　　10 000 000

三、开办费的核算

房地产开发企业在筹建期间内发生的开办费，包括人员工资、办公费、培训费、差旅费、印刷费、注册登记费以及不计入固定资产成本的借款费用等。筹建期间为从企业开始筹建之日起至取得营业执照之日的期间。开办费在实际发生时，依据相关原始凭证，借记“管理费用——开办费”，贷记“银行存款”等科目。

【例 1－13】2015 年 1 月 5 日，朝雅房地产公司支付设立验资费用 16 000 元。

在验资费用实际发生时，朝雅房地产公司应依据银行转账凭证和验资发票作以下账务处理：

借：管理费用——开办费　　16 000

　　贷：银行存款　　16 000

四、纳税业务的会计核算

房地产开发企业发生的印花税和契税，一般不通过“应交税费”科目进行核算，印花税在实际缴纳时直接记入“管理费用”科目，契税发生时视取得土地使用权的用途计入不同的会计科目。

1. 印花税的会计处理

印花税不通过“应交税费”科目进行核算，实际缴纳时，依据印花税完税凭证直接记入“管理费用”科目。

【例 1－14】2015 年 3 月 10 日，朝雅房地产公司购买印花税票 10 000元。朝雅房地产公司应作以下会计处理：

借：管理费用　　10 000

　　贷：库存现金　　10 000

2. 契税的会计处理

契税一般不通过“应交税费”科目进行核算，视取得土地使用权的用途计入不同的会计科目。房地产企业为进行房地产开发而取得的土地使用权所缴纳的契税，在实际缴纳时依据契税完税凭证直接记入“开发成本”科目；为建造办公楼等自用而取得的土地使用权所缴纳的契税，在实际缴纳时依据契税完税凭证直接记入“无形资产”科目。

【例1－15】2015年5月25日，朝雅房地产公司取得一块土地使用权进行房地产开发，支付土地出让金18 000万元，缴纳契税720万元。（假设契税税率为4%）

支付契税时，朝雅房地产公司应依据契税完税凭证作以下会计处理：

借：开发成本　　　　7 200 000

　　贷：银行存款　　　　7 200 000

【例1－16】2015年3月20日，朝雅房地产公司取得一块准备用于自建办公用房的土地使用权，支付土地出让金4 000万元，缴纳契税160万元（假设契税税率为4%）。

支付契税时，朝雅房地产公司应依据契税完税凭证作以下会计处理：

借：无形资产　　　　1 600 000

　　贷：银行存款　　　　1 600 000

第三节 设立阶段纳税处理

房地产开发企业在设立阶段需要办理税务登记，除了涉及印花税外，一般不涉及其他税收，但是房地产开发企业在接受出资者土地使用权或者房产等不动产出资时，会涉及契税。

一、税务登记

税务登记是整个税收征收管理的首要环节，是税务机关对纳税人的基本情况及生产经营项目进行登记管理的一项基本制度，也是纳税人已经纳入税务机关监督管理的一项证明。根据法律、法规规定具有应税收入、应税财产或应税行为的各类纳税人，都应依照《中华人民共和国税收征收管理法》及《中华人民共和国税收征收管理法实施细则》和《税务登记管理办法》的规定办理税务登记。

1. 税务登记证的办理

房地产开发企业应当自领取营业执照，或自有关部门批准设立之日起30日内，或者自纳税义务发生之日起30日内，到税务机关领取税务登记表，填写完整后提交税务机关，办理税务登记证。

税务登记表的主要内容包括：单位名称、法定代表人或者业主姓名及其居民身份证、护照或者其他合法证件的号码；住所、经营地点；登记类型；核算方式；生产经营方式；生产经营范围；注册资金（资本）、投资总额；生产经营期限；财务负责人、联系电话；国家税务总局确定的其他有关事项。

另外还需要提供下列资料：

（1）工商营业执照或其他核准执业证件原件及其复印件；

（2）注册地址及生产、经营地址证明（产权证、租赁协议）原件及其复印件；如为自有房产，请提供产权证或买卖契约等合法的产权证明原件及其复印件；如为租赁的场所，请提供租赁协议原件及其复印件，出租人为自然人的还需提供产权证明的复印件；如果生产、经营地址与注册地址不一致，分别提供相应证明；

（3）验资报告或评估报告原件及其复印件；

（4）组织机构统一代码证书副本原件及复印件；

（5）有关合同、章程、协议书复印件；

（6）法定代表人（负责人）居民身份证、护照或其他证明身份的合法证件原件及其复印件；

（7）纳税人跨县（市）设立的分支机构办理税务登记时，还需提供总机构的税务登记证（国、地税）副本复印件；

（8）改组改制企业还须提供有关改组改制的批文原件及其复印件；

（9）房屋产权证、土地使用证、机动车行驶证等证件的复印件。

提供资料完整、填写内容准确、各项手续齐全、无违章问题，符合条件的当场办结；如纳税人提交的证件和资料明显有疑点的，在 2 个工作日内转下一环节，经核实符合规定的，自受理之日起 20 个工作日内核发税务登记证件。

2. 税务登记证的变更

房地产开发企业在增加和减少注册资本，或其他登记内容发生变化时，应先在工商行政管理机关办理变更登记，自工商行政管理机关变更登记之日起 30 日内，向原税务登记机关如实提供下列证件、资料，申报办理变更税务登记：

（1）工商登记变更表及工商营业执照；

（2）纳税人变更登记内容的有关证明文件；

（3）税务机关发放的原税务登记证件（登记证正、副本和登记表等）；

（4）其他有关资料。

提供资料完整、填写内容准确、各项手续齐全、无违章问题，符合条件的当场办结；如纳税人提交的证件和资料明显有疑点的，自受理之日起2个工作日内转下一环节，经核实符合规定的，自受理之日起30日内发放税务登记证件。

3. 税务登记证的注销

房地产开发企业发生解散、破产、撤销以及其他情形，依法终止纳税义务的，应当在向工商行政管理机关或者其他机关办理注销登记前，持有关证件和资料向原税务登记机关申报办理注销税务登记；按规定不需要在工商行政管理机关或者其他机关办理注册登记的，应当自有关机关批准或者宣告终止之日起15日内，持有关证件和资料向原税务登记机关申报办理注销税务登记。

房地产开发企业被工商行政管理机关吊销营业执照或者被其他机关予以撤销登记的，应当自营业执照被吊销或者被撤销登记之日起15日内，向原税务登记机关申报办理注销税务登记。

房地产开发企业办理注销税务登记前，应当向税务机关提交相关证明文件和资料，结清应纳税款、多退（免）税款、滞纳金和罚款，缴销发票、税务登记证件和其他税务证件，经税务机关核准后，办理注销税务登记手续。

二、纳税处理

房地产开发企业在设立阶段会取得营业执照等权力许可证照，还需要按照会计制度的规定建立会计账簿，根据《中华人民共和国印花税暂行条例》（1988 年 8 月 6 日国务院令第 11 号）及其相关规定，应当缴纳印花税。如果房地产开发企业在接受出资者土地使用权或者房产等不动产出资时，还会涉及契税。

1. 印花税

（1）营业账簿。

营业账簿指房地产开发企业记载开发经营活动的财务会计核算账簿。营业账簿按其反映内容的不同，可分为记载资金的账簿和其他账簿。

记载资金的账簿是指反映生产经营单位资本金数额增减变化的账簿。记载资金的账册应按“营业账簿”税目中的记载资金的账册，按照实收资本和资本公积的合计金额的 0.5‰在账簿启用时贴花。

其他账簿是指除上述账簿以外的有关其他生产经营活动内容的账簿，包括日记账簿和各明细分类账簿。其他账簿适用定额税率，在启用时按件贴花，每件 5 元。

【例 1－17】朝雅房地产公司注册资本为 2 000 万元，2015 年 3 月 15 日，增资 6 000 万元；2015 年度设置其他营业账簿 12 本。

增资应纳印花税额＝60 000 000×0.5‰＝30 000（元）

其他营业账簿应纳税额＝12×5＝60（元）

（2）权利许可证照。

权利许可证照主要有工商营业执照、税务登记证及组织机构代码证，工商营业执照在证照领受时贴花，适用定额税率，按件贴花，税额为 5 元。房地产开发企业在设立阶段如果涉及房屋和土地使用权出资的，房屋产权证、土地使用证也应按件贴花，每件 5 元。如朝雅房地产公司于 3 月 18 日领取新工商营业执照，朝雅房地产公司应缴纳印花

税 = 1 × 5 = 5（元）。

（3）土地使用权合同。

在房地产开发企业设立阶段，如果接受出资人的土地使用权出资，还应按照《财政部国家税务总局关于印花税若干政策的通知》（财税〔2006〕162号）的规定，对土地使用权出让合同、土地使用权转让合同按产权转移书据征收印花税，按合同记载金额的0.5‰贴花。

【例1－18】朝雅房地产公司以一块土地使用权出资设立子公司，土地使用权价值为10 000万元。

在土地使用权出资环节，朝雅房地产公司与其子公司均应缴纳印花税。

应纳印花税额 = 10 000 × 0.5‰ = 5（万元）

2. 契税

在房地产开发企业设立阶段，如果接受出资人的土地使用权等不动产出资的，根据《中华人民共和国契税暂行条例》（1997年7月7日国务院令第224号）及《中华人民共和国契税暂行条例细则》的规定，接受出资的房地产开发企业应当按照国有土地使用权出让、土地使用权出售、房屋买卖成交价格的3%至5%适用税率缴纳契税。

第二章

货币资金的核算

第一节　库存现金

库存现金是指通常存放于企业财会部门、由出纳人员经管的货币。库存现金是企业流动性最强的资产，企业应当严格遵守国家有关现金管理制度，正确进行现金收支的核算，监督现金使用的合法性与合理性。

一、我国现行的现金管理制度

现金管理制度主要包括以下内容。

1. 现金的支付范围

根据国务院发布的《现金管理暂行条例》的规定，企业可用现金支付的款项的范围有：

（1）职工工资、津贴。

（2）个人劳务报酬。

（3）根据国家规定颁发给个人的科学技术、文化艺术、体育等各种奖金。

（4）各种劳保、福利费用以及国家规定的对个人的其他支出。

（5）向个人收购农副产品和其他物资的款项。

（6）出差人员必须随身携带的差旅费。

（7）结算起点以下的零星支出。

（8）中国人民银行确定需要支付现金的其他支出。

除上述情况可以用现金支付外，其他款项的支付应通过银行转账结算。

2. 现金的限额

现金的限额是指为了保证企业日常零星开支的需要，允许单位留存现金的最高数额。这一限额由开户银行根据单位的实际需要核定，一般按照单位 3 ~5 天日常零星开支的需要确定，边远地区和交通不便地区开户单位的库存现金限额，可按多于 5 天但不超过 15 天的日常零星开支的需要确定。核定后的现金限额，开户单位必须严格遵守，超过部分应于当日终了前存入银行。需要增加或减少现金限额的单位，应向开户银行提出申请，由开户银行核定。

3. 现金收支的规定

开户单位收入现金应于当日送存开户银行，当日送存确有困难的，由开户银行确定送存时间。开户单位支付现金，可以从本单位库存现金中支付或从开户银行提取，不得从本单位的现金收入中直接支付，即不得“坐支”现金。因特殊情况需要坐支现金的单位，应事先报经有关部门审查批准，并在核定的范围和限额内进行，同时，收支的现金必须入账。开户单位从开户银行提取现金时，应如实写明提取现金的用途，由本单位财会部门负责人签字盖章，并经开户银行审查批准后予以支付。因采购地点不确定、交通不便、抢险救灾及其他特殊情况必须使用现金的单位，应向开户银行提出书面申请，由本单位财会部门负责人签字盖章，并经开户银行审查批准后予以支付。此外，不准用不符合国家统一的会计制度的凭证顶替库存现金，即不得“白条顶库”；不准谎报用途套取现金；不准用银行账户代其他单位和个人存入或支取现金；不准将单位收入的现金以个人名义存入储蓄；不准保留账外公款，即不得“公款私存”，不得设置“小金库”等。银行对于违反上述规定的单位，将按照违规金额的一定比例予以处罚。

4. 现金盘点的规定

为了及时发现现金收付差错，如实反映现金库存余额，防止贪污挪用等行为的发生，企业应建立健全库存现金的定期盘点和不定期盘点相结合的制度。

清查的方法主要是实地盘点，查明库存现金的账款是否相符、有无违反现金管理制度或其他违法乱纪行为。清查包括出纳人员自查和清查小组监盘两种清查形式。出纳人员应当每日清点现金，发现现金短缺或多余，及时找出原因，加以处理。

由清查小组进行的监盘，应在清查小组人员在现场的情况下，由出纳人员清点现金，核对账款。清查中发现用借条、白条等不符合会计制度的凭证顶替现金时，应按规定处理纠正。清查后，根据清查结果填写现金盘点报告单，写明现金实存、账存及盈亏情况，并据以编制会计分录。

二、现金的会计核算

1. 账户与科目的设置

企业应当设置现金总账和现金日记账，分别进行企业库存现金的总分类核算和明细分类核算。

为了总括地反映企业库存现金的收入、支出和结存情况，企业应当设置“库存现金”科目，借方登记现金的增加，贷方登记现金的减少，期末余额在借方，反映企业实际持有的库存现金的金额。企业内部各部门周转使用的备用金，可以单独设置“备用金”科目进行核算。

现金日记账由出纳人员根据收付款凭证，按照业务发生顺序逐笔登记。每日终了，应当在现金日记账上计算出当日的现金收入合计额、现金支出合计额和结余额，并将现金日记账的账面结余额与实际库存现金额相核对，保证账款相符。月度终了，现金日记账的余额应当与现金总账的余额核对，做到账账相符。

2. 库存现金业务的核算

（1）库存现金收支业务的核算。

①当库存现金增加时：

借：库存现金

　　贷：相关科目

②当库存现金减少时：

借：相关科目

　　贷：库存现金

（2）库存现金清查业务的核算。

如果账款不符，发现有待查明原因的现金短缺或溢余，应先通过“待处理财产损溢”科目核算。按管理权限报经批准后，分别按以下情况处理：

①如为现金短缺，属于应由责任人赔偿或保险公司赔偿的部分，记入“其他应收款”；属于无法查明的其他原因，记入“管理费用”。

②如为现金溢余，属于应支付给有关人员或单位的，记入“其他应付款”；属于无法查明原因的，记入“营业外收入”。

【例2-1】朝雅房地产开发公司在盘点现金时发现长款10元，经核查未能发现其实际原因，经财务主管同意，作为营业外收入处理。应编制如下会计分录，反映清查结果。

①发现现金长款时：

借：库存现金　　10

　　贷：待处理财产损溢　　10

②查明原因后，处理长款结果：

借：待处理财产损溢　　10

　　贷：营业外收入　　10

3. 备用金的会计核算

为了业务办理的方便，除财务部门保存一定的现金之外，其他部门，一些业务人员也需要持有一定量的现金，这就是备用金。

备用金是指企业预付给职工和内部有关单位用作差旅费、零星采购和日常零星开支事后需要报销的款项。为了防止浪费和挪用公款，必须建立备用金的预借、使用和报销制度，并严格加以执行。如果企业备用金业务很少，也可不设立“备用金”科目，通过“其他应收款——备用金”科目进行核算，账务处理方法与上面一致。

（1）备用金的形式。

备用金按备用形式，可分为定额备用金和非定额备用金两种。定额备用金是为了满足企业有关部门日常零星开支需要的备用金，一经核定不得随意增减。领用定额备用金的部门，应设置“备用金登记簿”，逐笔序时登记备用金提取和支出情况，并按时将款项支出的单据送交财会部门报销后，财会部门再给予补足定额。其特点是：一次领用、定期报销、简化核算、补足定额。

非定额备用金管理是指用款单位根据实际需要向财会部门借款，凭各种支付凭证向财会部门报销时，作为冲减备用金处理，如需再用，重新办理借款手续。这种方法适用于预借差旅费等备用金的管理。

（2）备用金的账务处理。

①拨付备用金的核算。单独设置“备用金”科目的企业，由企业财务部门单独拨给企业内部各单位周转使用的备用金，会计分录如下：

借：备用金

　　贷：库存现金或银行存款

②拨付备用金的核算。自备用金中支付零星支出，应根据有关的支

出凭单，定期编制备用金报销清单，财务部门根据内部各单位提供的备用金报销清单，定期补足备用金，会计分录如下：

借：管理费用等科目

贷：本科目或“银行存款”

除了增加或减少拨入的备用金外，使用或报销有关备用金支出时不再通过“备用金”科目核算。

【例2-2】朝雅房地产开发公司职工吴小小出差采购物品，预支备用金1 000元，出差返回报销差旅费700元，并交回多余现金300元。

①领出备用金时，根据付款凭证，作会计分录如下：

借：其他应收款——备用金（吴小小）　　1 000

贷：库存现金　　1 000

②报销差旅费时，根据差旅费报销单，作会计分录如下：

借：管理费用　　700

库存现金　　300

贷：其他应收款——备用金（吴小小）　　1 000

第二节　银行存款

银行存款是指企业存入银行或其他金融机构的各种款项。企业应当根据业务需要，按照规定在其所在地银行开设账户，运用所开设的账户，进行存款、取款以及各种收支转账业务的结算。银行存款的收付应严格执行银行结算制度的规定。

一、银行存款账户的开立

我国银行存款包括人民币存款和外币存款两种。银行存款账户分为基本存款账户、一般存款账户、临时存款账户和专用账户。基本存款账户是企业办理日常转账结算和现金收付的账户，工资、奖金等现金的支取只能通过本账户办理。一般存款账户是企业因借款或其他结算需要在基本存款账户开户银行以外的银行营业机构开立的银行结算账户，企业可以通过本账户办理转账结算和现金交存，但不能办理现金的支取。临时存款账户是企业因临时需要并在规定期限内使用而开立的账户，本账户可以办理转账和根据国家现金管理的规定办理现金收付。专用存款账户是企业对其特定用途资金进行专项管理和使用而开立的账户。

企业可以自主选择银行，银行也可以自愿选择存款人。但一个企业只能选择一家银行的一个营业机构开立一个基本存款账户，不得在多家银行机构同时开立基本存款账户；不得在同一家银行的几个分支机构同时开立一般存款账户。

二、银行存款账户的设置

为了总括反映银行存款的收支和结存情况，企业应设置“银行存款”总账科目。该科目属于资产类科目，借方登记银行存款的增加数，贷方登记银行存款的减少数，借方余额表示企业银行存款的结余数额。有外币业务的企业，应在本科目下分别按人民币和各种外币设置“银行存款日记账”进行明细核算。

企业应当设置银行存款总账和银行存款日记账，分别进行银行存款的总分类核算和明细分类核算。企业可按开户银行和其他金融机构、存款种类等设置“银行存款日记账”的明细账户，根据收付款凭证，按照业务的发生顺序逐笔登记。每日终了，应结出余额。

银行存款的收付由出纳人员办理，由专人保管空白支票和签发支票。银行存款总账由会计登记掌管，银行存款日记账由出纳逐笔登记，并经常与银行提供的对账单进行核对，以便进行内部控制。“银行存款日记账”应定期与“银行对账单”核对，至少每月核对一次。企业银行存款账面余额与银行对账单余额之间如有差额，应编制“银行存款余额调节表”调节相符，如没有记账错误，调节后的双方余额应相等。银行存款余额调节表只是为了核对账目，并不能作为调整银行存款账面余额的记账依据。

三、银行存款收付的核算

单位与银行之间经常发生现金的存入、提取和办理转账结算等收支业务，为了反映和监督银行存款的收付动态，应办理银行存款收付的核算。

企业在不同的结算方式下，根据有关的原始凭证编制银行存款的收付款凭证，记入企业的“银行存款”科目。企业将款项存入银行或其他金融机构时，借记“银行存款”科目，贷记“库存现金”或有关科目。提取或支付在银行或其他金融机构中的存款时，借记“库存现金”或有关科目，贷记“银行存款”科目。

四、银行存款的对账

为了保证银行存款的安全和核算的正确，企业应按期对账。银行存款的对账包括三个方面：一是银行存款日记账与银行存款收、付款凭证相互核对，做到账证相符；二是银行存款日记账与银行存款总账相互核对，做到账账相符；三是在账账相符的基础上，银行存款日记账与银行对账单相互核对，做到账单相符。

一般说来，即使截止日期一致，银行存款日记账余额与银行对账单余额是不相等的，除记账错误外，未达账项的影响是主要原因。所谓未达账项，是指银行与企业之间，由于凭证传递上的时间差，一方已登记入账，而另一方尚未入账的收支项目。

银行存款的未达账项具体说有四种情况：

（1）银行已入账但企业未入账的收入。

（2）银行已入账但企业未入账的支出。

（3）企业已入账但银行未入账的收入。

（4）企业已入账但银行未入账的支出。

对于未达账项，应编制“银行存款余额调节表”进行调节。调节后，若无记账差错，双方调整后的银行存款余额应该相等；调节后，双方余额如果仍不相符，说明记账有差错，需进一步查对，更正错误记录。调节公式如下：

银行存款日记账余额 + 银行已收单位未收款项 − 银行已付单位未付款项

= 银行对账单余额 + 单位已收银行未收款项 − 单位已付银行未付款项

调节后的银行存款余额，反映了企业可以动用的银行存款实有数额。需要注意的是，银行存款余额调节表是用来核对企业和银行的记账有无错误，不能作为记账的依据。对于未达账项，无须进行账面调整，待结算凭证收到后再进行账务处理。

【例 2－3】2015 年 3 月 30 日，朝雅房地产开发公司的银行存款日记账账面余额是 76 205 元，银行对账单的余额是 76 560 元。经逐项检查，发现下列未达款项。

第一，单位已收，银行未收款项 2 795 元；

第二，单位已付，银行未付款项 9 250 元；

第三，银行已收，单位未收款项 3 500 元；

第四，银行已付，单位未付款项 9 600 元。

根据上述资料，编制银行存款余额调节表，如表 2－1 所示。

表 2－1　银行存款余额调节表

项目	金额/元	项目	金额/元
银行对账单余额	76 560	企业银行账余额	76 205
加：单位已收银行未收	2 795	加：银行已收单位未收	3 500
减：单位已付银行未付	9 250	减：银行已付单位未付	9 600
调整后存款余额	70 105	调整后存款余额	70 105

经过调节，双方存款余额均为 70 105 元，证明双方没有账上差错。如果调节后余额仍不等，则记账有差错，应进一步检查。属于单位方面的记账差错应立即更正，属于银行方面的记账差错要通知银行及时更正。

第三节　其他货币资金

其他货币资金是指企业除库存现金、银行存款以外的各种货币资金，主要包括银行汇票存款、银行本票存款、信用卡存款、信用证保证金存款、存出投资款、外埠存款等。

一、科目与账户的设立

企业通过设立“其他货币资金”科目对企业的银行汇票存款、银行本票存款、信用卡存款、信用证保证金存款、存出投资款、外埠存款等其他货币资金进行核算。该科目可用银行汇票或本票、信用证的收款单位，外埠存款的开户银行，分别按“银行汇票”“银行本票”“信用卡”“信用证保证金”“存出投资款”“外埠存款”等进行明细核算。企业增加其他货币资金，借记“其他货币资金”科目，贷记“银行存款”科目；减少其他货币资金，借记有关科目，贷记“其他货币资金”科目。该科目期末借方余额，反映企业持有的其他货币资金。

二、其他货币资金的会计核算

1. 银行汇票存款

银行汇票是指由出票银行签发的，由其在见票时按照实际结算金额无条件支付给收款人或者持票人的票据。银行汇票的出票银行为银行汇票的付款人。单位和个人各种款项的结算，均可使用银行汇票。银行汇票可以用于转账，填明“库存现金”字样的银行汇票也可以用于支取现金。

企业在填送“银行汇票申请书”并将款项交存银行，取得银行汇票后，根据银行签章退回的申请书存根联编制付款凭证，借记“其他货币资金——银行汇票”科目，贷记“银行存款”科目。企业使用银行汇票后，根据发票账单等有关凭证编制转账凭证，借记“材料采购”或“原材料”“库存商品”“应交税费——应交增值税（进项税额）”等科目，贷记“其他货币资金——银行汇票”科目。如有多余款或因汇票超过付款期限等原因而退回款项，企业应根据银行转来的银行汇票第四联（多余款收账通知），借记“银行存款”科目，贷记“其他货币资金——银行汇票”科目。

2. 银行本票存款

银行本票是指银行签发的，承诺自己在见票时无条件支付确定的金额给收款人或持票人的票据。单位和个人在同一票据交换区域需要支付的各种款项，均可使用银行本票。银行本票可以用于转账，注明“现金”字样的银行本票可以用于支取现金。

企业向银行提交“银行本票申请书”并将款项交给银行，取得银行签发的银行本票后，应根据银行签章退回的“银行本票申请书”存根联编制付款凭证，借记“其他货币资金——银行本票”科目，贷记“银行存款”科目。企业使用银行本票后，应根据发票账单等有关单据编制转账凭证，借记“材料采购”或“原材料”“库存商品”“应交税费——应交增值税（进项税额）”等科目，贷记“其他货币资金——银行本票”科目。若本票因超过付款期等原因要求退款时，应填写进账单一式两联，连同本票一并送交银行，根据银行盖章退回的进账单第一联编制收款凭证，借记“银行存款”科目，贷记“其他货币资金——银行本票”科目。

3. 信用卡存款

信用卡存款是指企业为取得信用卡而存入银行信用卡专户的款项。信用卡是银行卡的一种。信用卡按使用对象分为单位卡和个人卡，按信用等级分为金卡和普通卡，按是否向发卡银行交存备用金分为贷记卡和准贷记卡。

企业应按规定填制申请表，连同支票和有关资料一并送交发卡银行，根据银行盖章退回的进账单第一联，借记“其他货币资金——信用卡”科目，贷记“银行存款”科目。企业用信用卡购物或支付有关费用，借记有关科目，贷记“其他货币资金——信用卡”科目。在使用过程中，企业需要向其账户续存资金的，借记“其他货币资金——信用卡”科目，贷记“银行存款”科目。

4. 信用证保证金存款

信用证保证金存款是指采用信用证结算方式的企业为开具信用证而

存入银行信用证保证金专户的款项。

企业向银行申请开立信用证，应按规定向银行提交开证申请书、信用证申请人承诺书和购销合同。企业向银行缴纳保证金，根据银行退回的进账单第一联编制付款凭证，借记“其他货币资金——信用证保证金”科目，贷记“银行存款”科目。根据开证行交来的信用证通知书及有关单据标明的金额，借记“材料采购”或“原材料”“库存商品”“应交税费——应交增值税（进项税额）”等科目，贷记“其他货币资金——信用证保证金”科目。企业未用完的信用证保证金余额转回开户银行时，根据收款通知编制收款凭证，借记“银行存款”，贷记“其他货币资金——信用证存款”科目。

5. 存出投资款

存出投资款是指企业已存入证券公司但尚未进行投资的资金。企业向证券公司划出资金时，应按实际划出的金额，借记“其他货币资金——存出投资款”科目，贷记“银行存款”科目。购买股票、债券等时，借记“交易性金融资产”等科目，贷记“其他货币资金——存出投资款”科目。

6. 外埠存款

外埠存款是指企业为了到外地进行临时或零星采购，而汇往采购地银行开立采购专户的款项。该账户的存款不计利息、只付不收、付完清户，除了采购人员可从中提取少量现金外，一律采用转账结算。

企业将款项委托当地银行汇往采购地开立专户时，根据汇出款项凭证编制付款凭证，借记“其他货币资金——外埠存款”科目，贷记“银行存款”科目。企业收到采购人员交来的供货单位发货票、账单等报销凭证时，据以编制转账凭证，借记“材料采购”或“原材料”“库存商品”“应交税费——应交增值税（进项税额）”等科目，贷记“其他货币资金——外埠存款”科目。外埠存款采购结束将多余资金转回时，根据银行的收账通知编制收款凭证，借记“银行存款”科目，贷记“其他货币资金——外埠存款”科目。

第四节　外币交易

一、外币、外汇与汇率

1. 外币与外汇的概念

外币，简而言之就是除本国之外的其他国家或地区的货币，但这只是外币的狭义概念，狭义的外币是指本国货币以外的其他国家和地区的货币，包括各种纸币和铸币等。广义的外币是指所有以外国货币表示的，能够用于国际结算的支付手段，除了国外的纸币和铸币外，还包括企业所拥有的外国的有价证券、外币支付凭证、其他货币资金（如各种外币汇款、进出口贸易的外币性货款等）。

从会计学中货币计量的角度而言，记账本位币是一种计量单位，它是记账和编制财务报表所用的货币，外币则是记账本位币以外的另一种货币计量单位。按照我国现行制度的规定，企业一般以人民币作为记账本位币。如果企业的业务收支以外国货币为主，也可以选用某一种外国货币作为记账本位币。记账本位币以外的货币均为外币。

外汇是指以外币表示的用于国际结算的支付手段。根据我国的外汇管理条例规定，外汇的具体内容包括：

（1）外国货币，含纸币和铸币。

（2）外币有价证券，包括政府公债、国库券、公司债券、股票、息票等。

（3）外币支付凭证，包括票据（支票、汇票、期票）、银行存款凭证、邮政储蓄凭证等。

（4）其他外汇资金。黄金可以用作国际支付和结算的手段，执行世界货币的职能，所以，在许多国家也将其列入外汇范畴。

外汇概念和外币概念是有区别的。作为外汇必须是：以外币表示的资产；在国外能得到偿付的债权；可以兑换成其他支付手段的外币资产。不能自由兑换成其他国货币的外币不能称为外汇。但在会计上识别外币的标志是看其是否是记账本位币以外的货币。另外，外汇对企业来说，一般都表示成外币资金的来源，但外币除了表示外汇资金来源外，还可以作为一种计量单位，在企业并无实际发生外币收付业务时，也可能以外币计价和反映，这是外币业务会计的一个重要特点。

2. 汇率

（1）汇率的概念和类别。

汇率，又称“汇价”，指两种货币之间的比价，也就是一种货币兑换成另一种货币的比率。我国外汇汇率由中国人民银行公布市场汇价，即基准汇价（自 1995 年 4 月 1 日起，只公布人民币对美元、日元、港元等 3 种货币的基准汇价），各外汇指定银行以此为依据，在中国人民银行规定的浮动范围内自行挂牌供客户买卖外汇。

汇率从银行买卖外汇的角度可分为买入汇率、卖出汇率和中间汇率。买入汇率是指银行向客户买入外币时所采用的汇率，亦称“买入价”。卖出汇率是指银行向客户出售外币时所采用的汇率，亦称“卖出价”。中间汇率是指银行买入汇率与卖出汇率的简单算术平均数。

我国企业外币业务会计主要采用现行汇率制度。外币交易应当在初始确认时，采用交易发生日的即期汇率将外币金额折算为记账本位币金额；也可以采用按照系统合理的方法确定的，与交易发生日即期汇率近似的汇率折算。

（2）汇率的标价方法。

①直接标价法。直接标价法也称为应付标价法，是指以一定单位的外国货币（1 个或 100、1 000 个单位）为标准，计算应付出多少单位的本国货币。也就是说在直接标价法下，汇率是以本国货币表示的单位外国货币的价格。外汇汇率上涨，说明外币币值上涨，表示单位外币所能换取的本币增多，本币币值下降。外汇汇率下降，说明外币币值下跌，表示外国单位货币能换取的本币减少，本币币值上升。目前世界上大多数国家采用直接标价法，我国的人民币汇率采用的是直接标价法。

②间接标价法。间接标价法也称应收标价法或数量标价法，是指以一定单位的本国货币（1 个或 100、1 000 个单位）为标准，计算应收进多少外国货币。在间接标价法下，汇率是以外国货币来表示的单位本国货币的价格。若一定数额的本国货币能兑换的外国货币比原来减少，说明外国货币升值。若一定数额的本国货币能兑换的外国货币比原来增多，则说明外国货币的币值下跌，本国货币的币值上升。目前在世界上只有英国和美国等少数国家使用间接标价法。

二、外币交易的会计处理简介

1. 外币业务的记账方法

企业外币业务记账方法的选择，与企业记账本位币的确定有密切关系。外币业务记账方法有两种：一种是外币统账制，一种是外币分账制。企业可以根据实际情况选择。

（1）外币统账制。

外币统账制也称为“记账本位币制”，是以记账本位币作为统一记账金额的记账方法。在这种记账方法下，所有外币的收支，都应折算为记账本位币进行反映，外币金额只在账上作为补充资料进行反映。我国企业一般应以人民币作为记账本位币，所以，在外币统账制下，当企业发生外币业务时，一般按人民币统一设账，统一记录，外币业务的金额均要换算为人民币金额后入账反映，同时要设立不同外币种类的二级辅助账户，反映外币资金和外币债权、债务的增减情况。

外币统账制适用于涉及外币种类较少，而且外币收支业务不多的企业。

（2）外币分账制。

外币分账制又称为原币记账制或分别记账制。在这种方法下，企业的记账本位币业务和外币业务均应分别设立账户反映，即有几种币种入账，就应设立几套账户。在发生外币业务时，以原币记账，而不立即折算为记账本位币记账。如果发生两种货币之间的兑换业务，应通过单独设置的“外币兑换”账户作为两种账户之间的桥梁来进行会计处理，分别与原币的对应账户构成借贷关系。到会计期末，再按一定汇率将各种外币账户的余额换算成记账本位币编制财务报表。各种外币的“外币兑换”账户期末余额按期末即期汇率折算成记账本位币金额，与记账本位币的“外币兑换”账户金额之间的差额，作为汇兑损益处理。外币分账制适用于涉及外币种类较多，而且外币收支较大的企业，如商业银行等。采用分账制记账方法，只是账务处理方法不同，但其产生的汇兑差额的确认、计量的结果和列报，应当与统账制处理结果一致。

2. 外币交易的内容

外币交易，是指以外币计价或者结算的交易。外币交易包括：

（1）投入外币资本业务，即投资人以外币作为资本投入企业的业务。

（2）买入或者卖出以外币计价的商品或者劳务。

（3）借入或者借出外币资金。

（4）外币兑换业务，即一种货币兑换为另一种货币的业务。

（5）其他涉及外币的业务。

三、外币交易的账务处理

1. 外币交易核算的基本程序

外币交易的核算，首先应设置外币账户。企业应设置的外币账户主要包括外币现金、外币银行存款等货币资金账户，以及应收账款、应收票据、预付账款、短期借款、长期借款、应付账款、应付票据、应付职工薪酬、应付股利、预收账款等债权债务外币账户。在外币业务核算中涉及的如原材料、固定资产、实收资本等账户，属于非外币账户。企业应在涉及外币业务的账户中按外币种类分别设置明细账户，详细反映外币账款的收付结存情况。不允许开设现汇账户的企业，可以设置外币现金和外币银行存款以外的其他外币账户。

其次，企业对于发生的外币交易，应当将外币金额折算为记账本位币金额。外币交易应当在初始确认时，采用交易发生日的即期汇率将外币金额折算为记账本位币金额；也可以采用按照系统合理的方法确定的，与交易发生日即期汇率近似的汇率折算。

即期汇率通常是指当日中国人民银行公布的人民币外汇牌价的中间价。企业发生的外币兑换业务或涉及外币兑换的交易事项，应当以交易实际采用的汇率，即银行买入价或卖出价折算。即期汇率的近似汇率是按照系统合理的方法确定的，与交易发生日即期汇率近似的汇率，通常是指当期平均汇率或加权平均汇率等。通常情况下，企业应当采用即期汇率进行折算。汇率波动不大的，也可以采用按照系统合理的方法确定的，与交易发生日即期汇率近似的汇率折算，但前后各期应当采用相同的方法确定当期的近似汇率。

再次，汇兑差额的会计处理，企业应在资产负债表日，按照下列规定对外币货币性项目和外币非货币性项目进行处理：

（1）外币货币性项目。

货币性项目，是指企业持有的货币资金和将以固定或可确定的金额收取的资产或者偿付的负债。货币性项目分为货币性资产和货币性负债。货币性资产包括库存现金、银行存款、应收账款、其他应收款、长期应收款等。货币性负债包括应付账款、其他应付款、长期应付款等。对于外币货币性项目，应当采用资产负债表日的即期汇率折算，因汇率波动而产生的汇兑差额作为财务费用，计入当期损益，同时调增或调减外币货币性项目的记账本位币金额。需要计提减值准备的，应当按资产负债表日的即期汇率折算后，再计提减值准备。

（2）外币非货币性项目。

非货币性项目，是货币性项目以外的项目，包括存货、长期股权投资、固定资产、无形资产、实收资本、资本公积等。

对于以历史成本计量的外币非货币性项目，除其外币价值发生变动外，已在交易发生日按当日即期汇率折算，资产负债表日不应改变其原记账本位币金额，不产生汇兑差额。

对于交易性金融资产等外币非货币性项目，其公允价值变动计入当期损益的，相应汇率变动的影响也应当计入当期损益。

【例2－4】朝雅房地产开发公司的记账本位币为人民币。2015 年 6

月 2 日以 40 000 港元购入 B 公司 H 股 10 000 股作为短期投资，当日汇率为 1 港元 =0.80 元人民币，款项已付。2015 年 6 月 30 日，由于市价变动，当月购入的 B 公司 H 股变为 35 000 港元，当日 1 港元 =0.90 元人民币。

① 2015 年 6 月 2 日，该公司对上述交易应作以下处理：

将港币换算为人民币：0.80 ×40 000 =32 000（元）

借：交易性金融资产　　32 000

　贷：银行存款　　32 000

②由于该项短期股票投资是从境外市场购入，以外币计价，在资产负债表日，不仅应考虑其港币市价的变动，还应一并考虑汇率变动的影响，上述交易性金融资产以资产负债表日的人民币 31 500（即 0.90 ×35 000）入账，与原账面价值 32 000 元（即 0.80 ×40 000）的差额为 500 元人民币，计入公允价值变动损益。相应的会计分录为：

借：公允价值变动损益　　500

　贷：交易性金融资产　　500

500 元人民币包含 B 公司所持 H 股公允价值变动以及人民币与港币之间汇率变动的双重影响。

2. 外币兑换业务

外币兑换业务，包括企业把外币卖给银行、向银行结汇、购汇以及用一种外币向银行兑换成另一种外币等。

（1）接受外币资本投资的账务处理。

外商投资企业接受外币投资时，无论是否有合同约定汇率，均采用收到外币款项时的市场汇率将外币折算为记账本位币入账。

【例 2 –5】朝雅房地产开发公司与外商签订的投资合同中规定外商分次投入外币资本，在投资合同中没有约定折算汇率。该公司第一次收到外商投入资本 100 000 美元，当时的市场汇率为 1 美元 =6. 20 元人民币；第二次收到外商投入资本 100 000 美元，当时的市场汇率为 1 美元 =6. 15 元人民币。会计分录如下：

①第一次收到外币资本时：

将美元换算成人民币：6. 20 ×100 000 =620 000（元）

借：银行存款——美元户（100 000 美元）　　620 000

　　贷：股本　　620 000

②第二次收到外币资本时：

将美元换算成人民币：6. 15 ×100 000 =615 000（元）

借：银行存款——美元户（100 000 美元）　　615 000

　　贷：股本　　615 000

（2）企业把外币卖给银行。

企业把持有的外币卖给银行，银行按买入价将人民币兑付给企业。企业按实得人民币金额借记“银行存款人民币户”科目，按实际兑出的外币额与按企业选定的折算汇率折算的人民币金额贷记“银行存款外币户”科目，因银行买入价与折算汇率不一致而产生的汇兑损益，记入“财务费用”科目。

【例 2 -6】朝雅房地产开发公司将 1 000 美元卖给银行，当天美元买入价为 1 美元 =6. 10 元，实际收入人民币 6 100 元。企业采用的记账折算汇率为 1 美元 =6. 20 元。应进行的会计处理如下：

借：银行存款——人民币户　　6 100

　　财务费用　　100

　　贷：银行存款——美元户（1 000 美元）　　6 200

（3）向银行购汇。

企业向银行购入外汇时，银行按卖出价向企业收取人民币。企业实际支付的人民币金额与按企业选定的折算汇率折合的人民币之间的差额记入财务费用。

【例2－7】朝雅房地产开发公司从银行买入美元5 000元，当天银行卖出价为1美元＝6.20元人民币，企业实付人民币31 000元。企业折算汇率为1美元＝6.10元人民币。应进行的会计处理如下：

将美元换成人民币：6.10×5 000＝30 500（元）

6.20×5 000＝31 000（元）

借：银行存款——美元户（5 000美元）　　30 500

　　财务费用　　500

　　贷：银行存款——人民币户　　31 000

企业借入外币资金时，按照借入外币时的市场汇率折算为记账本位币入账，同时按照借入外币的金额登记相关的外币账户。“短期借款”科目借贷方差额在期末作为汇兑损益处理。短期借款的利息均记入“财务费用”科目。

【例2－8】朝雅房地产开发公司按业务发生当日市场汇率作为记账汇率。4月10日企业从银行借入50 000美元，当日市场汇率为1美元＝6.10元人民币。

①借入时：

将美元换算为人民币：6.10×50 000＝305 000（元）

借：银行存款——美元户（50 000美元）　　305 000

　　贷：短期借款——美元户（50 000美元）　　305 000

②若企业于5月10日归还这笔借款，当日市场汇率为1美元＝6.25元人民币。应进行的账务处理如下：

将美元换算为人民币：6.25×50 000＝312 500（元）

借：短期借款——美元户　　　　　　　　　　　312 500

　　贷：银行存款——美元户　　　　　　　　　　　312 500

③月末，对短期借款科目的汇兑损益进行处理。

月末短期借款科目贷方余额 = 305 000 − 312 500 = −7 500（元）

借：财务费用——汇兑损益　　　　　　　　　　7 500

　　贷：短期借款——美元户　　　　　　　　　　7 500

（4）买入或者卖出以外币计价的商品或者劳务。

企业发生买入或者卖出以外币计价的商品或者劳务时，应按企业选定的折算汇率将外币金额折合为记账本位币入账。期末（月末或季末、年末），对所有外币账户余额按期末市场汇率进行调整，调整后的差额记入“财务费用”科目。

【例 2 −9】朝雅房地产开发公司外币业务核算采用当月月初的市场汇率作为即期汇率近似汇率，并作为当月外币交易业务的折算汇率，并按月计算汇兑损益。2015 年 5 月 1 日的市场汇率为 1 美元 = 6.20 元人民币，2015 年 4 月 30 日的市场汇率为 1 美元 = 6.20 元人民币，各外币账户 2015 年 4 月 30 日的期末余额如表 2 −2 所示。

表 2 −2　各外币账户的期末余额

外币账户	外币余额（美元）	折算汇率	记账本位币金额（人民币元）
银行存款	100 000	6.20	620 000
应收账款——甲企业	10 000	6.20	62 000
应付账款——A 企业	10 000	6.20	62 000
短期借款	15 000	6.20	93 000

该企业 5 月份外币收支业务如下：

①5 日，收回甲企业货款 8 000 美元。

②8 日，支付 A 企业货款 5 000 美元。

③20 日，归还短期借款 10 000 美元。

④23 日，出售甲企业产品一批，货款为 25 000 美元，货已发出，货款尚未收到。根据上述业务资料，该企业应作如下会计分录（不考虑增值税等相关税金）。

①借：银行存款——美元户（8 000 美元）　　　　49 600

　　贷：应收账款——甲企业——美元户（8 000 美元）

　　　　　　　　　　　　　　　　　　　　　　　49 600

②借：应付账款——A 企业——美元户（5 000 美元）

　　　　　　　　　　　　　　　　　　　　　31 000

　　贷：银行存款——美元户（5 000 美元）　　　　31 000

③借：短期借款——美元户（10 000 美元）　　　　62 000

　　贷：银行存款——美元户（10 000 美元）　　　62 000

④借：应收账款——甲企业——美元户（25 000 美元）

　　　　　　　　　　　　　　　　　　　　　155 000

　　贷：主营业务收入　　　　　　　　　　　　　155 000

2015 年 5 月 31 日的市场汇率为 1 美元 =6. 15 元人民币，则该企业调整各外币账户余额如表 2 - 3、表 2 - 4、表 2 - 5、表 2 - 6 所示。

表 2 - 3　银行存款（美元户）

摘要	美元	汇率	人民币
期初余额（借）	100 000	6. 20	620 000
借方发生额	8 000	6. 20	49 600
贷方发生额	15 000	6. 20	93 000
期末余额	93 000	6. 20	576 600
期末调整	93 000	6. 15	571 950
汇兑损益			4 650（贷）

表 2-4 应收账款——甲企业（美元户）

摘要	美元	汇率人民币	期初余额（贷）
期初余额（借）	10 000	6.20	62 000
借方发生额	25 000	6.20	155 000
贷方发生额	8 000	6.20	49 600
期末余额	27 000	6.20	167 400
期末调整	27 000	6.15	166 050
汇兑损益			1 350（贷）

表 2-5 应付账款——A 企业（美元户）

摘要	美元	汇率	人民币
期初余额（贷）	10 000	6.20	62 000
贷方发生额	—	6.20	—
借方发生额	5 000	6.20	31 000
期末余额	5 000	6.20	31 000
期末调整	5 000	6.15	30 750
汇兑损益			250（借）

表 2-6 短期借款（美元户）

摘要	美元	汇率	人民币
期初余额（贷）	15 000	6.20	93 000
贷方发生额	—	6.20	—
借方发生额	10 000	6.20	62 000
期末余额	5 000	6.20	31 000
期末调整	5 000	6.15	30 750
汇兑损益			250（借）

根据上述各外币账户的调整结果编制如下调整分录：

借：应付账款——A 企业——美元户　　250

　　短期借款——美元户　　250

　　财务费用　　5 500

　　贷：银行存款——美元户　　4 650

　　　　应收账款——甲企业——美元户　　1 350

第三章

材料与设备的核算

第一节 材料采购的核算

材料采购核算，是指企业通过原材料对储备供应过程进行的核算。在实际核算工作中除了一般性消耗材料外，对于开发施工过程中可以反复周转使用的材料，以及那些单位价值较低或使用时间较短而不列入固定资产的工具和劳保用品，也都视同材料，在周转材料账户进行核算。

一、材料采购的核算凭证

材料的采购业务，由供应部门负责。供应部门根据工程管理部门按照开发项目的施工进度和材料消耗定额提出的需要量，结合材料的库存情况，按期编制材料供应计划和用款计划，作为采购材料的依据。为了保证材料的及时供应，明确购销双方的经济责任，还应与供应单位签订供销合同。

企业对于采购的材料，要根据供应单位的发票、运输机构的提货单、银行的结算凭证和运费账单等，办理材料验收入库和货款结算两方面的手续。

企业收到银行结算凭证和供应、运输机构的发票、账单、提货单等有关购料凭证时，要由供应部门检查凭证所列的材料名称、规格、数量、单价和发货日期等是否与供应合同相同。在采用托收承付结算方式时，要在托收承付结算凭证上，签注有关承付意见。对于货款计算错误、材料品种规格不合要求等料款，应在承付期限内填写部分拒付或全部拒付的理由，由会计部门向银行提出办理拒付手续。同时，供应部门还要填制一式多份的收料单，将其中的一份连同提货单交运输部门办理收料手续；其中的两份交仓库部门准备验收材料，仓库部门收料并在收料单填明实收数量后，将其中一份送交会计部门。

如果发票、账单和银行结算凭证未到而提货单先到，供应部门照常填制收料单，并通知运输部门和仓库办理收料手续，同时要催促供应单位尽快将发票账单寄来。

提货人员在提取材料时，如果发现由于运输机构责任发生件数短缺、重量不足或破坏毁损时，要填制短缺损坏清单，由运输机构签字后，连同材料一起送交仓库。

对于质量、数量与供应单位发票不符的材料，要由仓库填制数量、质量不符通知单，通知供应部门，供应部门应根据运输机构签订的短缺损坏清单和仓库送来的数量、质量不符通知单填制赔偿请求单，向运输机构和供应单位要求赔偿。

二、材料采购的核算账户

房地产开发企业采用计划成本进行材料采购核算，要设置“材料采购”账户和“材料成本差异”账户。

“材料采购”账户用以反映和考核材料使用资金的支出情况，计算企业外购材料的实际成本，考核采购业务的经营成果。账户的借方登记企业所有外购并已验收入库的材料的实际成本，贷方登记外购并已验收入库材料的计划价格成本。借方和贷方的差额，就是购入材料实际成本与计划价格成本的成本差异。如果借方大，表明材料采购成本超支；如果贷方大，表明材料采购成本节约。月末时，材料采购成本的超支或节约额，应转入“材料成本差异”账户的借方或贷方。

“材料成本差异”账户用以核算企业材料实际成本与计划价格成本

的差异。账户的借方登记材料实际成本大于计划价格成本的超支额；贷方登记材料实际成本小于计划价格成本的节约额。发出材料所应负担的成本差异，应从本账户的贷方转入有关成本、费用账户，超支额用蓝字结转，节约额用红字结转。本账户的月末余额，为原材料（在周转使用材料、低值易耗品的收发采用计划价格计价时，还包括周转使用材料、低值易耗品，以下同）的成本差异。“原材料”的账户月末余额加或减本账户的月末成本差异，就为原材料的实际成本。因此，账户是为了调整原材料所列的计划价格成本而设置的账户。

企业购入材料时，如果是货到验收即付款的，则根据结算单据和发票，作如下会计分录：

借：材料采购

　　贷：银行存款

企业购入材料时，如果采用商业汇票结算方式，要在开出承兑商业汇票时，根据商业汇票和发票账单作如下会计分录：

借：材料采购

　　贷：应付票据

如果采用托收承付结算方式，要在收到材料、承付料款时，根据结算凭证和发票账单金额借记“材料采购”科目，贷记“银行存款”科目。

如果采用其他结算方式或用现金购入零星材料时，应将结算凭证或发票账单金额借记“材料采购”科目，贷记“银行存款”“其他货币资金”“应付账款”“库存现金”等科目。

在取得收料单时，要按收入材料计划价格成本，借记“原材料”科目，贷记“材料采购”科目。

对于单独支付的材料运杂费，要根据运输机构运费账单等，借记

“材料采购”科目，贷记“银行存款”“库存现金”等科目。

月末应根据材料采购明细分类账将本月购入材料的实际成本与计划价格成本的差异，自“材料采购”账户转入“材料成本差异”账户。

当采购材料的实际成本高于计划价格成本，“材料采购”账户结有借方余额时，应作如下会计分录：

借：材料成本差异

　　贷：材料采购

当采购材料的实际成本低于计划价格成本，“材料采购”账户结有贷方余额时，应作如上相反会计分录。

为了简化核算手续，对于材料入库在先、付款在后的采购业务，在月份内可暂不入账，等发票、账单到达后再入账。但如果到月终发票账单仍未到达，应按合同价格或计划价格暂估入账，借记“原材料”科目，贷记“应付账款——暂估应付账款”科目。并在下月初用红字将暂估入账数冲销；等收到发票账单时，再按实际付款数入账。

对发票账单和结算凭证已经收到，并已支付或承付，但材料尚未到达的在途材料，借记“在途物资”，贷记“银行存款”“库存现金”等科目。

对于因材料短缺、损坏、质量不合格等原因向供应单位运输机构要求赔偿的金额，应根据赔偿请求单记入“应付账款”“其他应收款”账户的借方和“材料采购”账户的贷方，作如下会计分录：

借：应付账款

　　其他应收款

　　贷：材料采购

【例 3－1】朝雅房地产公司采购一批钢材，开出 700 万元 90 天期限的商业承兑汇票。根据商业汇票和货款发票账单，作会计分录如下：

借：材料采购　　7 000 000

　　贷：应付票据　　7 000 000

需用银行存款支付这批钢材的运杂费 20 000 元，作会计分录如下：

借：材料采购　　20 000

　　贷：银行存款　　20 000

企业验收入库，按实际价格将运费和采购价格一并结转核算时，作会计分录如下：

借：原材料——钢材　　7 020 000

　　贷：材料采购　　7 020 000

【例 3－2】延用上例的资料，假设该批钢材为 1 000 吨，计划价格为每吨 7 000 元，验收入库时，依计划价格，作会计分录如下：

借：原材料——钢材　　7 000 000

　　材料成本差异　　20 000

　　贷：材料采购——钢材　　7 020 000

三、材料采购的明细分类核算

为了确定原材料的实际成本，并计算材料成本差异，要设置材料采购明细分类账和材料成本差异明细分类账（格式如表 3－1 和表 3－2 所示），对材料采购业务进行明细分类核算。

材料采购的采购记录，根据供应单位发票账单记入；承付记录根据银行托收承付结算凭证记入。“材料采购”账户的借方登记购入材料的实际成本；贷方登记购入材料的计划价格成本（根据收料单记入）。对于因数量不足、质量不符而要求供应单位或运输机构赔偿的损失，根据赔偿请求单在借方用红字登记。

表 3－1　材料采购明细分类账

名称规格：圆钢 φ8

供应单位名称：甲钢厂　　　　　　　　　　　　　　　　　　　单位：元

2015 年		采购记录		付款记录				借方（实际成本）			贷方（计划价格成本）				备注
月	日	发票账单号数	发票数量	日期	凭证号数	金额	拒付金额	买价	运杂费	合计	日期	收料单号数	实收数量/吨	金额	
4	2	5 015	100	3/4	815	396 000		390 000	6 000	396 000	3/4	801	100	400 000	
4	4	5 115	80	5/4	820	296 000		294 000	2 000	296 000	5/4	803	80	320 000	
本月合计								7 000 000	308 000	7 308 000				17 400 000	
结转材料成本差异														252 000	
月末在途材料															
本月发生额合计															

表 3－2　材料成本差异明细分类账

名称规格：圆钢 φ8

供应单位名称：甲钢厂　　　　　　　　　　　　　　　　　　　单位：元

2015 年		摘要	本月收入			本月发出			月末结存			成本差异分摊率/%
月	日		计划价格（成本）	借方（超支成本差异）	贷方（节约成本差异）	计划价格（成本）	借方（超支成本差异）	贷方（节约成本差异）	计划价格（成本）	借方（超支成本差异）	贷方（节约成本差异）	
3	31								360 000	2 000		
4	30		709 200	14 000					1 069 200	16 000		1.5%
4	30					485 000	7 275		584 200	8725		

对发票账单未到而验收入库的材料，应在月末先根据暂估金额记入借方，在下月收到发票账单、开出商业汇票或支付时，再将暂估登记的借方金额用红字冲销，另按发票账单金额重新登记。月份终了，应分别结出除在途材料外的借方栏和贷方栏的金额合计，并计算两栏合计的差额，即材料成本差异。然后将材料成本差异转入材料成本差异明细分类账的本月收入的借方成本差异（当本月购入材料实际成本大于计划价格成本，采购成本超支时）栏或贷方成本差异（当本月购入材料实际成本小于计划价格成本，采购成本节约时）栏，将计划价格成本转入计划价格成本栏。为便于计算下月采购材料的成本差异，对于月末在途材料，应将它转登至下月账页。

材料成本差异明细分类账根据材料采购明细分类账发出材料汇总表进行登记。对清理固定资产所得的残料，还要根据材料交库单，在本月收入栏登记残料的计划价格成本和成本差异（一般可只在本月收入材料计划价格成本栏登记残料作价）。在登记材料采购明细分类账结转的本月收入材料的计划价格成本和成本差异，以及残料计划价格成本和成本差异后，即可与月初（即上月末）结存材料的计划价格成本和成本差异一起，计算材料成本差异分摊率。其计算公式如下：

材料成本差异分摊率＝（月初结存材料成本差异＋本月收入材料成本差异）÷（月初结存材料计划价格成本＋本月收入材料计划价格成本）×100%

以表3－2为例：

材料成本差异分摊率＝(2 000＋14 000)÷(360 000＋709 200)×100%

＝16 000÷1 069 200×100%

＝1.5%

本月发出材料超支成本差异：485 000 × 1.5% = 7 275（元）

本月发出材料的实际成本 = 485 000 + 7 275 = 492 275（元）

第二节　材料发出的核算

材料发出，是指企业根据开发业务的需要，由项目工程单位领用发出的材料。

一、材料领发的手续和凭证

企业的工程项目单位在领用材料时，要填制领料单，经单位主管批准后向仓库领用。领料单一般为一式三份，一份在仓库发料后填列实发数量，由发料人和领料人分别签章后留存仓库；一份由领料单位留存；一份交会计部门。

企业对拨给工程承包单位抵作预付备料款或预付工程款的材料，应填制拨给承包单位材料发料单，经工程管理部门批准后，向仓库办理领料手续。拨给承包单位材料发料单一般为一式四份，一份在仓库发料后填列实发数量，由发料人和领料人分别签章后留存仓库；一份交承包单位据以验收；一份由承包单位验收签章后留存领料部门；一份交会计部门。

企业出售不需用材料时，应由供应部门填制加盖销售材料戳记的领料单（或销售材料发料单），向仓库办理领料手续。

各单位领用的材料，如有多余时，要填制退料单，及时办理退库手续。退料单一般为一式三份，一份在仓库验收后退回退料单位；一份留存收料仓库；一份在退库后送会计部门。

对施工现场下月将继续使用的已领未用材料，如果要按月计算各开发项目的各月耗用材料，可办理假退料手续，即同时填制月末退料单和下月领料单，在材料账卡上办理假领假退手续，或填制已领未用材料清单，据以在本月领用材料中减去，不在材料账卡中作退料、领料的记录。

二、材料收发的明细分类核算

企业所有材料的收入、发出数量的核算工作，均由仓库部门负责。仓库对于材料收入、发出和结存数量的核算，是在材料卡片中进行的。对于经营的每一种材料，均应按规格、型号，开设材料卡片。材料卡片除了登记材料的收、发、结存数量外，还可在结存数量栏的右边加设结存金额栏，以便在月末反映各种结存材料的计划价格成本。仓库人员对于各种已经办理材料收发手续的收料、发料凭证，都要逐一序时在材料卡片的收入数量栏和发出数量栏进行登记，并在登记收、发数量后填入结存数量。经登记材料卡片后的收料、发料凭证及其所附原始凭证，一般由仓库人员负责保管，并按期（5 天、10 天、15 天）或在月末填制材料凭证交接单，向会计部门办理凭证交接手续。材料凭证交接单格式如表 3 - 3 所示。

在材料凭证交接单中，如对材料和低值易耗品的成本差异分别进行核算，也应按照材料账户计算收发材料凭证张数和金额。交接单中退料凭证是指前面所说的退料单。因为在计算仓库发出材料金额时，应将退料凭证中的退料金额在发料凭证的发料总额中减去，所以应将退料凭证另设一栏列示。

表 3－3　材料凭证交接单

2015 年 4 月 1 日至 15 日　　　　　　　　第 15 号

材料仓库：A 库　　　　　　　　　　　　交接日期：4 月 16 日

材料科目	收料凭证		发料凭证		退料凭证	
	张数	金额（元）	张数	金额（元）	张数	金额（元）
原材料 A	18	177 000	56	273 000	1	600
……	…	…	…	…	…	…
合计	100	1 800 000	300	2 000 000	3	2 000

接收人：　　　　　　　　　　　　　　　　仓库材料员：

除仓库部门在材料卡片上进行材料收发数量核算外，会计部门还要按照材料计划价格进行金额核算。因此，对于仓库交来的材料收发凭证，会计部门要审核凭证中的记录是否完备，然后进行下列标价工作：

（1）在材料价格目录的每一收、发料凭证中填入计划单价。

（2）根据每张收、发料凭证所列的数量和单价计算其金额并填入金额栏内。

（3）分别计算材料科目材料收发凭证的金额合计，并填入材料收发交接单的金额栏。

由于材料日常收发按照计划价格核算，材料的数量和金额之间有一定的比例关系，因此根据仓库材料卡片的数量就可计算金额。这样，会计部门也可以取消按材料品名进行数量、金额核算的材料明细分类账，而代之以按材料科目登记和金额核算的材料收、发、结存分类汇总表，并通过该表中各材料账户的月末余额与仓库部门按材料卡片结存金额算出的各材料账户月末余额相互核对，以检查双方的核算是否正确。

材料收、发、结存分类汇总表是用以反映一个月内各仓库经管的材料的收、发、结存金额，根据仓库部门交来的材料凭证交接单编制。它的格式如表 3－4 所示。

表 3－4　材料收、发、结存分类汇总表

材料仓库：A 库　　2015 年 4 月　　单位：元

材料凭证交接单号数	本月收入原材料	材料凭证交接单号数	本月发出原材料
15	314 000	17	544 000
16	426 000	18	245 000
本月收入合计	740 000	本月发出合计	789 000
月初结存	720 000	月末结存	671 000

制表：

材料收、发、结存分类汇总表本月发出各栏，根据材料凭证交接单的发料凭证金额栏数字减退料凭证金额栏数字后填列。月末结存数根据本月收入合计加月初结存减本月发出合计后填列。为了使材料收、发、结存分类汇总表与仓库材料卡片的记录相互核对，月末应在材料卡片中填列结存金额，并按材料科目分别加总，算出各材料科目的月末余额，记入材料余额表。

材料余额表是用以反映各仓库经管的各材料科目的月末结存金额。它的格式如表 3－5 所示。

表 3－5　材料余额表

材料仓库：A 库　　2015 年　　单位：元

材料科目	1 月末余额	2 月末余额	3 月末余额	4 月末余额	5 月末余额
原材料	…	…	720 000	671 000	

材料余额表内各材料科目的月末余额，要和材料收、发、结存分类汇总表内各材料科目的月末结存数进行核对，如有不符，应从下列方面加以检查并作更正：

（1）检查收、发料凭证中所列各种材料的金额的计算是否正确。

（2）检查材料凭证交接单中所列各材料科目的余额的计算是否正确。

（3）根据本月收发料凭证中的收、发数量，检查材料卡片中的月末结存数量、金额的计算及材料余额表中各类材料的月末余额的计算是否正确。

根据以上说明，可知材料收发按计划价格计价时的明细分类核算，一般是通过材料卡片、材料余额表及材料收、发、结存分类汇总表进行。

三、材料收发的总分类核算

在材料收发按计划价格核算时，材料收发的总分类核算平时也按计划价格进行，以便核对材料明细科目的记录。

企业在收入外购材料时，要根据收料单将所收材料的实际成本自“材料采购”账户的贷方转出，按所收材料的计划成本转入“原材料”账户的借方，两者之间的差额记入“材料成本差异”的借方或贷方。

【例3－3】2015年3月31日将验收入库的铝合金材料（计划成本为190 000元，材料成本超支差异为7 000元）进行账务结转，作会计分录如下：

借：原材料　　190 000
　　材料成本差异　　7 000
　　贷：材料采购　　197 000

各部门单位领用的材料，要根据领料单按计划价格成本自原材料等账户的贷方转入“开发成本”“开发间接费用”“管理费用”“其他业务成本”及“在建工程”等账户的借方，作会计分录如下：

借：开发成本
　　开发间接费用
　　管理费用
　　其他业务成本
　　在建工程
　　贷：原材料

各部门单位退回仓库的多领材料，要根据退料单用红字作如上相同会计分录冲减，或从当月领用材料总额中直接冲减，即在发出材料汇总表（见表3－6）的本月发出材料中减去，不在总分类核算上反映。

对于月末施工现场存料，要根据已领未用材料清单，按计划价格成本用红字作借记“开发成本”，贷记“原材料”冲减，于下月初再用蓝字相同分录入账。为了简化凭证填制登记手续，对月末现场存料也可考虑从当月领用材料总额中冲减，在总分类核算上不予反映。

拨给工程承包单位抵作预付工程款和备料款的材料，要根据拨给承包单位的材料发料单，按计划价格成本记入“原材料”账户的贷方和“预付账款”账户的借方，作会计分录如下：

借：预付账款

　　贷：原材料

向其他单位销售的材料，要根据盖有销售材料戳记的领料单，按其计划价格成本记入“原材料”账户的贷方和“其他业务成本”账户的借方，作会计分录如下：

借：其他业务成本

　　贷：原材料

按照计划价格成本列账的材料，对发出耗用、拨给承包单位、对外销售部分，应分摊成本差异，将计划价格成本调整为实际成本，即要将材料成本差异账户中属于耗用、拨给承包单位、对外销售材料的成本差异，转入各有关账户。当材料实际成本高于计划价格成本，“材料成本差异”账户结有借方余额时，应作以下会计分录：

借：开发成本

　　开发间接费用

　　其他业务成本

　　在建工程

　　预付账款

　　贷：材料成本差异

如果材料实际成本低于计划价格成本，“材料成本差异”账户结有贷方余额时，用红字作如上相同的会计分录。

在实际工作中，对于发出耗用、拨给承包单位、对外销售材料的计划价格成本和分摊的材料价差，可通过发出材料汇总表进行汇总和计算。

发出材料汇总表的本月发出材料计划价格成本栏各数，根据经标价后的发料凭证，按用途类别分别加总，减去退料凭证中的退料数后填列。本月发出材料成本差异栏各数，根据发出材料计划价格成本乘以成本差异分摊率求得。月末根据发出材料汇总表，结转发出材料的计划价格成本和成本差异。

经分摊的材料成本差异，同时应在材料成本差异明细分类账进行登记，并结出月末结存材料的成本差异。月末结存材料的成本差异，在编制资产负债表时，应并入原材料，在存货科目列示。

【例3－4】朝雅房地产开发公司2015年4月30日发出材料汇总表如表3－6所示。

依据表3－6中的数据，作会计分录如下：

①借：开发成本	162 000	
开发间接费用	30 000	
管理费用	40 000	
其他业务成本	43 000	
在建工程	60 000	
预付账款	50 000	
贷：原材料		385 000
②借：开发成本	3 240	
开发间接费用	600	

管理费用　　　　　　　　　　　　800
其他业务成本　　　　　　　　　　860
在建工程　　　　　　　　　　　　1 200
预付账款　　　　　　　　　　　　1 000
贷：材料成本差异　　　　　　　　　　7 700

表 3－6　发出材料汇总表

贷方科目：原材料　　　　2015 年 4 月 30 日　　材料成本差异分摊率：2%

借方科目	本月发出材料计划价格成本/元	本月发出材料成本差异/元
开发成本	162 000	3 240
开发间接费用	30 000	600
管理费用	40 000	800
其他业务成本	43 000	860
在建工程	60 000	1 200
预付账款	50 000	1 000
合计	385 000	7 700

记账：　　　　　　　　　　　　　　　　制单：

四、材料收发按实际成本计价的明细分类核算

企业的材料，如果收发不很频繁，也可采用实际成本计价。

材料日常收发按实际成本计价时，材料的明细分类核算要同时设卡片和材料明细分类账。材料卡片由仓库登记，只进行数量核算。材料明细分类账由会计部门登记，同时进行数量和金额的核算。采用这种方法，账卡资料能相互核对，有一定的制约作用，但核算工作有重复。为了避免重复记账，可以采用账卡合一的做法，即取消材料卡片，只设置一本既有数量又有金额的材料明细分类账，放在仓库，由仓库人员登记，会计人员定期稽核，或由仓库人员登记数量，由会计人员登记

金额。

为了归类反映各类材料资金的增减变动，分析考核各类材料资金的占用情况，并便于核对账簿记录，还应按照材料类别，把同类材料的账页装订成一本明细分类账，并在每本账页前设汇总账页，根据材料收发凭证，按期（5 天、10 天或 15 天）汇总登记各类材料收、发、结存的金额。材料明细分类账的汇总账页格式如表 3－7 所示。

表 3－7　材料明细分类账汇总账页

材料科目：原材料　　　　第 × 页

材料类别：小五金　　　　资金总额：

2015 年		收入		发出		结存金额/元	核对
月	起讫日期	凭证张数	金额/元	凭证张数	金额/元		
3	承前页					45 000	
4	1～20	8	86 000	12	75 000	56 000	

仓库管理人员在材料入库或出库后，应及时根据收料凭证和发料凭证逐笔登记材料明细分类账，并计算结存金额，然后将收、发料凭证夹在登记的账页中。会计人员要定期到仓库进行稽核和计价。对于收入的外购材料，要根据实际采购成本计价，其中，买价根据发票确定；运杂费根据运费账单确定，不能直接记入的，按照有关材料的重量或买价的比例分摊计入各种材料的采购成本。

由于各种材料分批购进、分批领用，而每次购入材料的单价又往往不同，因而在每次领发材料时，就会发生按哪一种单价计价的问题。发出材料的实际成本，通常可采用先进先出法、加权平均法和个别计价法，但一经确定采用某种方法，就不能随意变更，如需变更，应在会计报告中加以说明。

1. 先进先出法

先进先出法就是购进在先的材料应先予领用，并按最先购进的那批材料的单价计价。如果领用材料的数量超过首批购入数量时，即以第二批购入材料的单价作为以后领用材料的单价。若领用材料包括几批购入的材料，就按各批购料的不同单价分别计价。

【例3－5】朝雅房地产开发企业仓库中的螺纹钢，6月份月初结存、本月收入的数量、金额和本月发出的数量如下：

6月1日	结存	30吨	每吨4 000元	计120 000元
10日	发出	20吨		
21日	收入	30吨	每吨4 100元	计123 000元
25日	发出	30吨		
30日	收入	20吨	每吨4 050元	计81 000元

根据上列资料，我们采用先进先出法来算得本月内螺纹钢各批领用成本和月末存料成本，如表3－8所示。

表3－8　材料明细分类账

材料类别：钢材　　（按先进先出法计价）　　金额单位：元

材料名称规格：螺纹钢 φ6　　计量单位：吨

2015年		凭证号数	摘要	收入			发出			结存		
月	日			数量	单价	金额	数量	单价	金额	数量	单价	金额
6	1									30	4 000	120 000
	10	领848					20	4 000	80 000	10	4 000	40 000
	21	收840		30	4 100	123 000				10	4 000	163 000
										30	4 100	
	25	领890					10	4 000	122 000	10	4 100	41 000
							20	4 100				
	30	收861		20	4 050	81 000				10	4 100	122 000
										20	4 050	

由上可知，采用先进先出法，只需查阅上次领用材料单价，再查阅此单价购进的材料是否尚有结存，便可确定此次所领材料应以何种单价计价。采用这种计价法，能使结存材料成本接近近期购料成本。

2. 加权平均法

加权平均法，就是按一个月内采购某种材料的实际总成本加上月初结存总成本，除以本期收入材料数量和月初结存材料数量之和，求出材料平均单位成本，作为发出材料与月末结存材料的实际单位成本。其计算公式为：

材料平均单位成本 =（月初材料结存成本总额 + 本月收入存货成本总额）÷（月初结存材料数量 + 本月收入材料数量）

【例 3－6】假设根据朝雅房地产开发公司 6 月份甲材料购进、发出、结存的资料，可用加权平均法计算如下：

材料平均单位成本 =（10 000 + 11 000 + 24 000）÷（10 + 10 + 20）

= 1 125（元/吨）

4 日发出材料金额 = 15 × 1 125 = 16 875（元）

20 日发出材料金额 = 15 × 1 125 = 16 875（元）

30 日甲材料库存金额 = 10 × 1 125 = 11 250（元）

采用全月一次加权平均计价法，可以不必像移动加权平均计价法那样在同一月份购入不同单价的材料时就要重算一次单价。但是，要到月末才能算出当月发料的成本，这就使料价计算工作不能在平时均衡地进行，从而影响成本计算和结账工作的及时性。因此，有的企业就按上月末加权平均单价（即本月初结存材料金额除以本月初结存数量）计算本月发料成本。

3. 移动加权平均法

移动加权平均法是加权平均法的特殊形式，在每次购入材料时，将原库存金额与本次购进的金额相加，除以原结存数量与本次购进数量之和，计算出移动加权单价，在下次进货以前出售商品，均按此单价计算发出金额。由于房地产企业材料品种多，收发十分频繁，在实务中较少采用此方法。

五、材料收发按实际成本计价的总分类核算

材料日常收发按实际成本计价时，在总分类核算上不必设置“材料成本差异”账户和“材料采购”账户，可以将采购材料的买价、运杂费，直接记入“原材料”科目的借方。如果材料尚未运到，则应将材料采购成本记入“在途物资”科目的借方，于材料到达验收入库时，再由“在途物资”科目的贷方转入“原材料”科目的借方。如果材料已经收到，而供应单位发票账单尚未收到，则应先按合同价格或计划价格记入“原材料”科目的借方和“应付账款——暂估应付账款”科目的贷方，待发票账单到达时，再以红字作如上相同的会计分录，将前记暂估数冲销，另按发票账单价款记入“原材料”科目的借方和“银行存款”等科目的贷方。

对各单位领用的材料以及拨给承包单位、对外销售的材料，应在发出时按实际成本自“原材料”科目的贷方转入“开发成本”“开发间接费用”“管理费用”“其他业务成本”和“在建工程”等科目的借方。

第三节 周转材料的核算

一、周转材料的分类

周转材料，是指企业能够多次使用、逐渐转移其价值但仍保持原有形态、不确认为固定资产的材料，如包装物和低值易耗品。

企业如果自行组建施工队伍进行开发项目工程施工，其周转材料还包括使用那些在施工中不断周转仍保持其原有物质形态的工具性材料、材料性工具。这些材料，一般可以分为如下四类：

（1）模板，指浇铸混凝土用的钢、木或钢木组合的模型板，以及配合模板使用的支撑材料和滑模材料。

（2）挡板，指土方工程用的挡土板及支撑材料。

（3）架料，指搭脚手架用的竹、木杆和跳板，以及钢脚手。

（4）其他，如塔吊用的转轨、枕木等。

二、低值易耗品核算

1. 低值易耗品的特点和核算要求

低值易耗品，是指单位价值在规定的限额以下，容易损耗的物品。由于它能在使用过程中多次使用，具有固定资产的特点；又由于它的价值低，补充、替换频繁，因此具有流动资产的特点。如在开发经营管理中使用的工具、器具、管理用具、玻璃器皿、劳保用品，这些物品和其他劳动资料一样，能使用较长时间，在使用中仍保持着自己的物质形态。但是，由于这些物品使用时间相对较短或价值较小，经常需要添置更新，故在劳动资料中把这些物品和固定资产划分开来，叫做低值易耗品，把它们归在周转材料类中，在“周转材料”账户进行核算，也可以单独设置“低值易耗品”账户进行核算。

2. 低值易耗品摊销核算方法

由于低值易耗品可以使用较长的时间，它们被领用时，要根据具体情况，采用一次转销法或五五摊销法进行摊销。对那些价值不大或易破损的低值易耗品，可采用一次转销法的办法，即在领用时，将其全部价值记入有关的成本费用账户。对那些价值较大、不易破损的低值易耗品，应采用五五摊销的方法，在领用时将其价值的50%摊入有关的成本费用账户。因此，企业在编制低值易耗品目录时，还应划清一次转销和五五摊销的界限，在目录中注明哪些属于一次转销，哪些属于五五摊销。

企业对于仓库中所有的低值易耗品，都要设置低值易耗品卡片。卡片中最好分别设置在库、在用两栏，并在在库、在用栏下，各分设增加、减少和结存三小栏，用以分别反映在库和在用低值易耗品的增、减、结存情况。低值易耗品卡片的格式如表3－9所示。

表3－9　低值易耗品卡片

材料编号：
名称规格：　　　　　　　　　　　　　　　　　　最高储备量：
计量单位：　　　　　　　　　　计划单价：　　　最低储备量：

年		单据号数	摘要	在库			在用			核对
月	日			增加	减少	结存	增加	减少	结存	

凡购入新的低值易耗品，均应根据收料单记入低值易耗品卡片的在库增加栏。低值易耗品的发出，应区别一次转销和五五摊销。对一次转销的低值易耗品，在领用时应填制一次转销低值易耗品领用单，据以记入低值易耗品卡片的在库减少栏。对于五五摊销的低值易耗品，在领用

时应填制五五摊销低值易耗品领用单，据以记入低值易耗品卡片的在库减少栏和在用增加栏。

低值易耗品报废时，要填制低值易耗品报废单，并注明残值，据以记入低值易耗品卡片的在用减少栏。低值易耗品卡片的在库结存栏，应同库存低值易耗品数相符；在用结存栏，应同各单位领用的低值易耗品数相符。

（1）一次转销法。

对于一次转销价值的易耗品，在领用时，可根据一次转销低值易耗品领用单，将其全部价值一次转入有关成本费用账户，作如下会计分录：

借：销售费用

开发间接费用

管理费用

其他业务成本

贷：低值易耗品

当月如果有一次转销的低值易耗品报废时，应将其残值作为低值易耗品转销额的减少，冲减“销售费用”“开发间接费用”“管理费用”“其他业务成本”等账户。

（2）五五摊销法。

对于五五摊销的低值易耗品，在领用时先摊销其实际成本的50%，记入有关成本费用账户。报废时，再摊销其余的50%（扣除收回的残值），记入有关成本费用账户。

【例3－7】某房地产企业对低值易耗品采用五五摊销法。某月该企业的管理部门领用低值易耗品一批，实际成本为8 000元，该批低值易耗品使用月数为10个月。在领用时，应将低值易耗品的50%的成本

4 000元记入管理费用账户的借方，作会计分录如下：

借：管理费用　　4 000

　贷：低值易耗品　　4 000

这批低值易耗品报废时，如果收回残值200元，应该冲减管理费用，作如下会计分录：

借：管理费用　　4 000

　贷：低值易耗品　　4 000

借：库存现金　　200

　贷：管理费用　　200

对于在用的低值易耗品，不论采用五五摊销法，还是采用一次转销法，都应加强实物管理，防止丢失。为了考核在用低值易耗品的使用情况，对各单位或个人，都应设置低值易耗品领用簿，以记录低值易耗品的领用、交回和报废情况。

三、其他周转材料的核算

其他周转材料主要是指工具性材料和材料性工具，如钢模板、木模板、挡板、架料等。上列材料与一次性消耗材料不同，在核算上将它们归并在“周转材料”账户之中，并对其损耗价值采用一次转销法、五五摊销法和分次摊销法计入工程成本。

由于周转材料在施工中能反复使用，它的价值是逐渐转移到工程成本中的，在实际业务中一般采用分次摊销法，因此在核算上既要反映它的原值，又要反映它的损耗价值。根据这个要求，应在“周转材料”账户下分别设置“在用周转材料”和“周转材料摊销”两个二级账户，用以反映在用周转材料的原值和损耗价值。

企业所属施工单位领用周转材料时，要填制领料单。会计部门根据领料单，将其成本自原材料账户的贷方转入周转材料账户的借方。

如果周转材料在购入时即与其他材料分开核算，则在“周转材料”账户下还要增设“在库周转材料”二级账户，用以核算在库周转材料的原值。

周转材料损耗价值的摊销，可以采用如下三种方法。

1. 定额摊销法

定额摊销法即根据月实际的建筑安装工程量和规定的周转材料消耗定额计算各月的摊销额。

周转材料每月摊销额 = 该月完成的建筑安装工程量 × 单位工程量周转材料消耗定额

2. 按期摊销法

按期摊销法即根据周转材料预计使用期限，计算其每期的摊销额。

周转材料每月摊销额 = 周转材料原值 ×（1 - 残值占原值的百分比）÷ 预计使用月数

3. 按次摊销法

按次摊销法即根据周转材料预计使用的次数，计算其每次的摊销额。

周转材料每使用一次摊销额 = 周转材料原值 ×（1 - 残值占原值的百分比）÷ 预计使用次数

在实际核算工作中，对于木模的摊销额，通常根据完成立模数（平方米）和每平方米立模平均损耗的模板来计算。竹脚手的摊销额，通常根据搭建面积（平方米）和每平方米搭建面积平均损耗的竹脚手来计算。

每平方米立模平均损耗木模和每平方米搭建面积平均损耗竹脚手的计算公式如下：

每平方米立模平均损耗木模 = [每平方米立模需要木材（立方米）× 每立方米木材价格 - 残值] ÷ 预计周转次数

每平方米搭建面积平均损耗竹脚手 =（每平方米搭建面积需要毛竹根数 × 每根毛竹价格 - 残值）÷ 预计周转次数

在计算每平方米搭建面积需要的毛竹根数时，横楞、顶撑、底笆等也要计算在内。

每月终了，会计部门应根据施工单位通知的实际完成工程量，编制周转材料摊销额计算表（如表 3－10 所示），计算各项工程成本应分摊的周转材料摊销额，并将它记入各工程施工成本明细分类账的材料费。

表 3－10 周转材料摊销额计算表

2015 年 3 月

周转材料名称	木模		竹脚手		补摊或冲销额	摊销额合计
摊销额	5 元/平方米		0.8 元/平方米			
工程编号名称	立模数量/立方米	摊销额/元	搭建面积/平方米	摊销额/元		
101 商品房建筑工程	240	1 200			200	1 400
102 商品房建筑工程			3 000	2 400		2 400
合计	240	1 200	3 000	2 400	200	3 800

现举例说明在用周转材料的核算方法。

【例 3－8】某房地产公司所属施工单位在 2015 年 3 月共领用模板 100 立方米，每立方米模板价格为 308 元。在 3、4 月份完成立模数量分别为 3 000 平方米、1 200 平方米，每平方米立模的模板摊销额为 5 元。4 月末工程完工，房地产公司会计实务盘点现场还有可供使用模板 44 立方米，估计余值为 8 800 元。则：

3 月份领用模板的计划价格成本为：

$308 \times 100 = 30\ 800$（元）

3 月份模板摊销额为：

$5 \times 3\ 000 = 15\ 000$（元）

4 月份模板摊销额为：

5 ×1 200 =6 000（元）

3、4 月份模板实际损耗额为：

30 800 －8 800 =22 000（元）

4 月份应补提摊销额：

22 000 －（15 000 +6 000）=1 000（元）

在 3 月份领用模板时，要作如下会计分录：

借：周转材料——在用周转材料　　30 800

　　贷：周转材料——在库周转材料　　30 800

将 3、4 月份模板摊销额计入工程成本时：

借：工程施工　　15 000

　　贷：周转材料——周转材料摊销　　15 000

借：工程施工　　7 000

　　贷：周转材料——周转材料摊销　　7 000

其中，周转材料摊销的计算过程为：

6 000 +1 000 =7 000（元）

4 月末将模板摊销额注销时：

借：周转材料——周转材料摊销　　22 000

　　贷：周转材料——在用周转材料　　22 000

其中，在用周转材料的计算过程为：

15 000 +7 000 =22 000（元）

如果一个施工现场只有一项工程，施工期限又不长，也可在工程完工，盘点交接现场存料，算得实际损耗额后，再将摊销额一次性转账，以简化核算手续。

至于列入周转材料的各种定型模板的损耗价值的摊销，可先确定模板周转次数，算出每套模板每周转一次的摊销额，然后按照各项工程周转次数和每次摊销额，计算各项工程的摊销额，直接计入有关工程成本。

每套模板周转一次摊销额 =（每套模板造价 - 残值）÷预计周转次数

也可先按下列公式计算每平方米建筑面积平均损耗的模板，然后按照各项工程完成的建筑面积计算各工程的摊销额。

每平方米建筑面积损耗的模板（即模板摊销额）=（每套模板造价 - 残值）÷预计周转次数 × 每套模板一次能施工的建筑面积

【例 3-9】朝雅房地产开发企业所属施工单位有一套定型模板，造价为 164 000 元，每次能施工 400 平方米建筑面积，预计能周转使用 40 次，不能使用后的残值为 4 000 元，则这套定型模板的每平方米建筑面积平均损耗为：

（164 000 - 4 000）÷（40 × 400）= 10（元/平方米）

假定该施工单位用这套定型模板完成建筑面积 1 600 平方米，则应摊销的模板费用为：

10 × 1 600 = 16 000（元）

对于列作周转材料的钢管脚手和木脚手板，可先预计使用月数，计算每吨钢管脚手和每立方米木脚手板的月摊销额。如钢管脚手的各种钢管、钢扣件和木脚手板的预计使用月数，每吨钢管、钢扣件，每立方米木脚手板的价格及残值占原值的百分比，如表 3-11 所示。

表 3-11

周转材料名称	单位	单价/元	预计使用月数	残值占原值的百分比/%
钢管	吨	2 000	30	2
钢扣件	吨	1 750	24	2
木脚手板	立方米	300	24	2

则：

每吨钢管月摊销额 = [2 000 × (1 − 2%)] ÷30 =65（元）

每吨钢扣件月摊销额 = [1 750 × (1 − 2%)] ÷24 =71（元）

每立方米木脚手板月摊销额 = [300 × (1 − 2%)] ÷24 = 12.25（元）

【例3－10】接上例，朝雅房地产开发企业所属施工单位在2015年3月份某项工程中共使用各种钢管30吨，各种钢扣件4.8吨，木脚手板20立方米，则3月份该项工程应摊销的钢管、钢扣件和木脚手板的摊销额为：

钢管摊销额 =30 ×65 =1 950（元）

钢扣件摊销额 =4.8 ×71 =340.8（元）

木脚手板摊销额 =20 ×12.25 =245（元）

合计 =1 950 +340.8 +245 =2 535.8（元）

第四节　设备的核算

企业对用于开发工程设备的核算，通常应由会计部门、供应部门及其所属设备仓库进行。在一般情况下，供应部门负责编制设备供应计划、签订合同和检查合同的执行情况，设备仓库负责设备的收、发、保管、清查盘点等工作，会计部门负责设备价款的结算、设备成本的计算、设备收发价格的核算。

一、设备的验收和入库

企业对于供货单位发出设备而收到的一切凭证，如发票、托收承付结算凭证、运输机构的运单、提货单等，均应先交供应部门。供应部门在接到各种收货凭证时，应办理下列有关事项：

（1）检查发票所列设备名称、型号、规格、数量、价格及发货日期是否与合同相符，并做好对合同执行情况进行业务核算的各项有关记录。

（2）决定发票中所列价款全部承付、部分承付或拒绝承付，并在发票结算凭证上注明。

（3）将运单或提货单交提货部门或设备仓库提取设备，发票及结算凭证交会计部门。

设备的验收，通常分为初步验收和技术验收。初步验收也叫到站验收，一般在到达站根据运单查看箱件的外表——箱件有无短少或破损，有无装车不当，有无错算运费等，以便与运输单位分清责任。如发现箱件短少，应共同做好商务记录，以便进一步检查，发现问题后提出赔偿。技术验收也叫开箱验收，一般应在国外设备运到指定地点后立即组织有关人员进行，其目的在于核对箱内设备是否与发货清单、订货合同相符，并对设备提出保养意见。技术验收时，应依据国外发货清单并尽可能根据有关图纸和其他技术资料，在开箱后用目测结合必要的仪器、工具，查对品名、数量及应有附件，并对质量进行检查。验收完毕后，要填制验收记录。国有设备的验收，一般可用承制厂的出厂证明代替技术验收。

经技术验收后的设备，仓库管理员应办理入库手续，并填制设备入库单。设备入库单除了包括设备及其验收的有关记录外，还可考虑在其中两份中印上“出库单号数”“发出数量金额”“结存数量金额”等栏，用以代替仓库部门和会计部门的设备卡片，以免再另行登记设备卡片，简化核算手续。

设备入库单的格式如表3－12所示。

表3－12　设备入库单

国内√	国外

第103号

供货单位（国家）	顺德电机厂	合同号数	205	开发项目名称	6号公寓
发票号数	13672	验收记录号数	60	备件工具登记卡号数	
运单号数	285	存放地点	设备9库	入库日期	2015年3月15日

<table>
<tr><td colspan="2">2015年</td><td rowspan="2">设备名称型号规格</td><td rowspan="2">单位</td><td colspan="2">数量</td><td colspan="3">实际成本（元）</td><td rowspan="2">出库单号数</td><td colspan="2">发出</td><td colspan="2">结存</td></tr>
<tr><td>月</td><td>日</td><td>实收</td><td>应收</td><td>买价</td><td>运杂费</td><td>合计</td><td>数量</td><td>金额</td><td>数量</td><td>金额</td></tr>
<tr><td>3</td><td>15</td><td>Ⅱ型空调机</td><td>台</td><td>20</td><td>20</td><td>114 000</td><td>9 000</td><td>123 000</td><td colspan="5">（后五栏仅在代替“设备卡片”的两联时才填列）</td></tr>
</table>

记账：　　　　保管人：　　　　经办人：

对随设备来的附属备件、检修工具等，一般应在开箱验收时将它们与设备本身分开存放，并在设备备件工具登记卡上进行记录。

二、设备的出库

设备的出库，必须认真办理出库手续，实行在库验交制，即凭设备出库单在仓库内向领用单位逐台逐件一次验交清楚，出库后，不再进行二次验交。对直达工地的设备，由供应部门在工地直接向安装单位办理验交手续。设备出库后，领用单位应负责妥善保管，严防丢失、损坏等事故。

设备出库单一般由领用单位填制，经供应部门审查签字后交由设备仓库发货，并填写实发数量。设备出库单通常一式四份：一份由领料单位留存；三份在提取设备后交设备仓库，其中一份留设备仓库据以登记设备卡片，一份送供应部门，一份交会计部门作为发出设备的核算凭证。

三、设备采购收发的核算

1. 采购收发的总分类核算

设备的日常收发按实际成本计价并核算。为了核算设备的采购成本并总括反映和考核设备采购、收、发、结存情况，在总分类核算上，要设置“材料采购——设备”和“原材料”账户。“材料采购——设备”账户用以核算企业购入各种设备的采购成本；“原材料”账户用以核算企业所有库存设备的实际成本。

企业在购入各种设备时，应根据发票、账单，将设备的买价和运杂费记入“材料采购——设备”账户的借方。如购入电梯两台，买价为2 000 000元，运杂费为30 000元，价款和运杂费用银行存款支付时，应作如下会计分录：

借：材料采购——设备　　　　　　　　2 030 000

　　贷：银行存款　　　　　　　　　　　　2 030 000

企业对于验收入库的设备，应根据设备入库单登记的设备实际成本借记“原材料”科目，贷记“材料采购——设备”科目。此例中，验收入库电梯的实际成本为2 030 000元（买价：2 000 000元 + 运杂费30 000元），作如下会计分录：

借：原材料　　　　　　　　　　　　　2 030 000

　　贷：材料采购——设备　　　　　　　　2 030 000

“材料采购——设备”账户的借方余额，是价款已经支付或承付，但设备尚未到达，或虽已到达而尚未验收入库的在途设备的买价和运杂费，在月终编制资产负债表时，应并入“原材料”科目在“存货”项目反映。

设备发出交付安装时，应根据设备出库单将设备的实际成本自“原材料”账户的贷方转入“开发成本”账户的借方。如将上述两台电梯交付安装公司安装时，应作如下会计分录：

借：开发成本　　　　　　　　　　　　2 030 000

　　贷：原材料　　　　　　　　　　　　　2 030 000

对于已经验收入库但发票、账单尚未收到的设备，为了简化核算手续，在月份内可暂不入账，等发票、账单到达后再入账。但如果到月终发单仍未到达，要先按合同价格或预算价格暂估入账，借记“材料采购——设备”科目，贷记“应付账款——暂估应付账款”科目，下月发票、账单到达并付款时，再用红字将前记暂估数冲销，另按发票账单实际支付数入账。

2. 采购、收发的明细分类信息

设备采购的明细分类核算，在“材料采购——设备”明细分类账中进行。“材料采购——设备”明细分类账的格式，除贷方应按实际成本核算外，基本上与材料采购明细分类账的格式相同。“材料采购——设备”明细分类账中的采购记录，根据供货单位发票账单记入，付款记录根据银行结算凭证记入。“材料采购——设备”科目借方登记设备的实际成本，贷方登记验收入库设备的实际成本（根据设备入库单记入）。月末借方余额，表示尚未验收入库设备的采购成本。

设备的明细分类核算，应按每一设备名称、型号、规格开设的设备卡片中进行。设备卡片可用印有“出库数量”“结存数量”“金额”的设备入库单代替（即设备入库单的代设备卡片联）。

对于登记的设备卡片，最好分别放在两个卡片箱（或卡片夹）内。一个是库存箱（或夹），放置库存设备卡片；另一个是出库箱（或夹），放置已经出库的设备卡片。对于库存、出库的设备卡片，也可再按开发工程项目分别存放。库存设备出库时，即应将它的卡片自库存箱（或夹）内抽出放入出库箱（或夹）内。如果库存设备卡片中设备只发出一部分，尚有部分没有发出，则仍将设备卡片留存在库存箱（或夹）内。

季度或年度终了时，应对库存箱（或夹）内设备卡片上的结存金额加总，与库存设备账户的余额核对，以保证账卡相符。

第五节 材料、设备的盘点清查与期末计价

一、清查盘点的作用和方法

1. 材料、设备盘点清查的作用

为了保证材料、设备的完整，做到账实相符，房地产企业必须建立材料、设备清查盘点制度。由于材料设备种类繁多，收发频繁，并分散在各个仓库、现场存储，加上有的材料计量不准、自然损耗、收发时点错数量，以及人为短缺等原因，使账面材料结存数量和实际数量不符。因此，必须通过清查盘点进行检查核实。材料设备盘点制度不仅可以保证账实相符，给会计核算提供正确可靠的资料，同时还有下列几方面的作用：

（1）它可以促使企业摸清家底，积极处理积压材料、设备，加速流动资金周转。

（2）它可以发现材料、设备短缺和损坏情况，改进工作，堵塞漏洞。

（3）它可以发现材料、设备供应和仓库管理等方面存在的问题，改善经营管理，加强经济核算。

2. 材料、设备盘点清查的方法

材料、设备的清查盘点，在平时应定期进行。每年在编制年度财务决算以前，还要进行一次全面清查盘点，使年度财务报表的数字正确可靠。在年度清查时，应成立清查领导小组，把清查材料、设备同加强仓

库管理密切结合起来。

材料、设备清查盘点人员发现原材料、设备数量与材料卡片、设备卡片结存数量不符时，要查明原因，分清责任，并填制材料盘点盈亏报告单和设备盘点盈亏报告单，经清查领导小组审查、鉴定，提出处理意见后，按规定报有关部门审批。材料盘点盈亏报告单的格式如表 3－13 所示。

表 3－13　材料盘点盈亏报告单

材料仓库：1 库　　　　2015 年 3 月 20 日　　　　单位：元

材料编号	材料名称规格	计量单位	数量		计划（实际）单价	盘盈		盘亏		盘亏原因及处理意见	分摊材料成本差异 2%
			账存	实存		数量	金额	数量	金额		
14 104	32.5#水泥	吨	200	198	280			2	560		11.2
…	…	…	…	…	…	…	…	…	…	…	
合计		…	…	…	…	…	…	…	1 300	…	26

清查领导小组组长：　　　　仓库保管员：　　　　清点人：

3. 材料、设备盘点清查的账务处理

在材料、设备清查过程中的盘亏，在未经批准以前，应先根据材料（设备）盘点盈亏报告单，登记有关材料、设备明细账（卡），并从原材料库存设备账户的贷方转到“待处理财产损溢——待处理流动资产损溢”科目的借方。以表 3－13 所示的资料，可作会计分录如下：

借：待处理财产损溢——待处理流动资产损溢　　　1 300

　　贷：原材料　　　　　　　　　　　　　　　　　　1 300

对于材料、设备盘亏，一般都按实际成本计算。在材料收发按计划价格计价时，除按计划成本记入“原材料”账户的贷方外，还要将“材料成本差异”账户中属于盘亏材料的成本差异，转入“待处理财产损溢——待处理流动资产损溢”科目的借方（如材料实际成本小于计划价格成本时用红字)。如以表 3－13 所示的资料，可作会计分录如下：

借：待处理财产损溢——待处理流动资产损溢　　　　26

　　贷：材料成本差异　　　　　　　　　　　　　　　26

材料、设备盘点盈亏经有关部门批准后，再根据材料（设备）盘点盈亏报告单，分不同情况进行账务处理。

凡能以正当理由说明的材料短缺，如定额内自然损耗等，可计入相关工程成本，记入开发成本、开发间接费用账户的借方。作会计分录如下：

借：开发成本

　　开发间接费用

　　贷：待处理财产损溢——待处理流动资产损溢

由于材料、设备保管人员等过失造成的材料、设备损失，如能确定为过失人员负经济责任的，对赔偿款应记入“其他应收款”科目的借方；不能确定过失人员的，经有关部门批准后，将它记入“管理费用”科目的借方，作会计分录如下：

借：其他应收款

　　管理费用

　　贷：待处理财产损溢——待处理流动资产损溢

由于不可抗拒的自然灾害等原因造成的材料、设备短缺，按规定手续报经有关部门批准后，应将扣除保险公司赔款后的净损失，记入“营业外支出——非常损失”账户的借方，作会计分录如下：

借：营业外支出——非常损失

　　其他应收款（保险公司赔偿款）

　　贷：待处理财产损溢——待处理流动资产损溢

对于材料、设备盘盈，应根据材料（设备）盘点盈亏报告单，登记有关材料、设备明细账卡，并按计划价格或估计价格借记“原材料”账户，贷记“待处理财产损溢——待处理流动资产损溢”账户，作会计分录如下：

借：原材料

　　贷：待处理财产损溢——待处理流动资产损溢

按规定报经批准后，将盘盈材料、设备冲减有关费用账户，作会计分录如下：

借：待处理财产损溢——待处理流动资产损溢

　　贷：管理费用

二、材料、设备的期末计价

按照《企业会计制度》的规定：企业的存货应当在期末按成本与可变现净值孰低计量。对可变现净值低于存货成本差额，计提存货跌价准备。

1. 成本与可变现净值孰低的含义

成本与可变现净值孰低是指对期末存货，即材料、设备、低值易耗品等，按照成本低于可变现净值两者之中较低者进行计价的方法。即当成本低于可变现净值时，设备材料按成本计价；当可变现净值低于成本时，材料设备、低值易耗品按可变现净值计价。

2. 材料、设备期末计价的账务处理

为了较真实地反映企业材料、设备的可变现净值，避免虚列资产价值，出现虚盈实亏，按照现行企业会计制度的规定，企业在对材料、设备进行全面清查时，如发现有遭受毁损、全部或部分陈旧过时或销售价格低于成本等原因，使材料、设备成本不能收回的部分，应当提取材料、设备跌价准备。

材料、设备跌价准备，一般应按单个材料、设备的成本高于其可变现净值的差额提取。可变现净值是指企业在正常开发经营过程中，以估计售价减去销售所需税费后的余值。在实际工作中，对材料、设备跌价准备，可在材料盘点盈亏报告单中增设“可变现单价”和“应提取跌价准备”两栏，将应提取跌价准备的材料、设备也在报告单中填列。应提取材料、设备跌价准备的计算，可按下列公式进行：

应提取材料跌价准备 = 材料实存数量 × ［材料计划单价 ×

（1 ± 差异分摊率） – 材料可变现单价］

应提取设备跌价准备 = 设备实际数量 ×（设备实际单价 – 设备可变现单价）

为核算材料、设备的跌价准备，企业应设置“存货跌价准备”账户。“存货跌价准备”账户是材料、设备、开发产品等存货账户的备抵性账户，用以核算企业提取的存货跌价准备。期末对计算出某种类别规格的材料、设备可变现净值低于成本的差额，应记入“资产减值损失——计提的存货跌价准备”科目的借方和“存货跌价准备”科目的贷方。

【例 3 – 11】朝雅房地产开发公司有一批库存的大理石地砖 3 000 平方米，账面价值为每平方米 60 元，现市场同类商品价格每平方米为 25 元，则按企业会计制度的规定，应计提存货跌价准备，其计算及账务处理如下：

应计提的大理石跌价准备金额 = 3 000 ×（60 – 25）

= 105 000（元）

会计分录如下：

借：资产减值损失——计提的存货跌价准备　　　105 000

　　贷：存货跌价准备　　　　　　　　　　　　　　105 000

如已计提跌价准备的材料、设备的价值以后又得以恢复，应按恢复增加的数额（其增加的数额以补足以前入账的减少数为限），作会计分录如下：

借：存货跌价准备

贷：资产减值损失——计提的存货跌价准备

企业在清查材料、设备时，如发现有霉烂变质，或已过期且无转让价值，或在开发经营中已不再需要，且已无使用价值和转让价值的，应按材料、设备的账面净值（即减去已计提跌价准备后的价值），作会计分录如下：

借：管理费用

存货跌价准备

贷：原材料

“存货跌价准备”账户的贷方余额，反映企业已提取的材料、设备等存货可变现净值低于成本的跌价准备，在编制资产负债表时，应将其从存货中减去。

3. 财务会计报告信息披露存货的内容

房地产开发经营企业在年度财务会计报告中，应披露下列与材料、设备等存货有关的信息：

（1）各类存货的期初和期末账面价值。

（2）确定发出存货成本所采用的方法。

（3）存货可变现净值的确定依据，存货跌价准备的计提方法，当期计提的存货跌价准备的金额，当期转回的存货跌价准备的金额，以及计提和转回的有关情况。

（4）用于担保的存货账面价值。

第四章

施工工程成本的核算

第一节　材料费和人工费的核算

一、材料费的核算

工程成本中的“材料费”项目，是指在施工过程中耗用，构成工程成本或有助于工程形成的各种主要材料、结构件的实际成本，以及周转材料的摊销及租赁费用的成本。

各项工程耗用的主要材料和结构件，一般通过“领料单”“退料单”“已领未用材料清单”“大堆材料耗用单”等材料凭证汇总计算。“已领未用材料清单”是对下月需要继续使用的月末施工现场存料，在月末由各施工队组按各项工程用料分别盘点后填制。已领未用材料应从当月领用材料总额中减去，用以计算该月材料的实际耗用额。

大堆材料是指砖、瓦、砂、石等材料。这些材料常有几个单位工程共同耗用，领用次数又多，很难在领用时逐一加以点数，往往采用“算两头、轧中间”的办法来定期计算其实际用量，即对进场的大堆材料进行点数，日常领用时不必逐笔办理领料手续。

月末，先根据当月完成工程量和单位工程量材料消耗定额，计算各项工程本月定额耗用量。其计算公式如下：

本月实际耗用量＝月初结存数量＋本月收入数量＋月末盘点数量

差异数量＝本月实际耗用量－本月定额耗用量

差异分配率＝差异数量÷本月定额耗用量×100%

然后求得各项工程实际耗用大堆材料数量和计划价格成本：

某项工程实际耗用大堆材料数量＝该工程定额耗用量×（1±差异分配率）

某项工程实际耗用大堆材料的计划价格成本＝该工程实际耗用大堆材料数量×

（记入各项工程成本的材料计划价格成本±分配的材料成本差异）

各项工程在施工过程中领用的周转材料，如钢模板、木模板、钢管、竹、木脚手等，应根据“周转材料摊销额计算表”，将摊销额记入各项工程成本的“材料费”项目；对租用的周转材料，其租赁费可根据租赁费用账单记入各项工程成本的“材料费”项目。

二、人工费的核算

工程成本中的人工费、计件工人的工资，可直接根据“工程任务单”中的工资总额汇总计入各项工程的成本；职工福利费可按实发的金额（税前可列支的额度一般不得超过工资总额的14%）计入各项工程的成本。

“工程任务单”是施工员根据施工作业计划，于施工前下达给工人班组的具体工作通知，也是用以记录实际完成工程数量、计算奖金或计件工资的凭证。“工程任务单”通常于施工前由施工员会同定额员根据施工作业计划和劳动定额，参照施工图纸，分别向各工人班组签发。任务单中的工程完工后，施工员应根据工程任务单中规定的各项条件进行检查，并会同质量检查员进行验收，评定质量等级。实际验收数量与签发的工程数量有出入时，应查明原因并经领导批准后才能结算。每月签发的工程任务单，应于月末全部进行结算。如某些工程尚未全部完工，将其完工部分按估计数进行结算，未完工部分可结合下月施工作业计划中的工程任务，再签发给原来的班组，使当月完成的工程和当月应发的工资、奖金于当月结算。

对计时工人的工资和福利费，可根据按工程分别汇总的工时汇总表中各项工程耗用的作业工时总数和各施工单位的平均工资率计算。所谓施工单位平均工资率，就是月份内各施工单位建筑安装工人的作业工时总和，除以建筑安装工人工资和福利费总额所得的商数。它的计算公式如下：

某施工单位平均工资率（元/时）=月份内该施工单位建筑安装工人工资和福利费总额（元）÷月份内该施工单位建筑安装工人作业工时总和（时）

用施工单位平均工资率乘以各项工程耗用的工时，就可算得各工程在某月份内应分配的人工费。

某项工程应分配的人工费=该项工程耗用工时×施工单位平均工资率

【例4－1】某施工单位2015年3月份建筑安装工人工资总额为43 000元，实际发生员工福利费6 000元，建筑安装工人作业工时总数为9 800小时，则：

该施工单位的平均工资率=（43 000+6 000）÷9 800=5（元/时）

根据求得的平均工资率和工时汇总表中各项工程的耗用工时，即可计算各项工程的人工费，据以记入各项工程的“人工费”项目。

记入各项工程成本“人工费”项目的工人工资和员工福利费，应将它自“应付职工薪酬”账户的贷方转入“工程施工”账户的借方。

第二节　机械使用费的核算

一、机械使用费的构成

1. 机械使用费的含义

工程成本中的“机械使用费”，是指企业在机械化施工中使用施工机械而发生的各项费用。加强对施工机械的核算与管理，对于提高施工机械利用率、加速施工进度、节约劳动力和降低工程成本有着重要的意义。

2. 企业对施工机械的管理方法

企业对施工机械的管理，一般采取以下两种方法：

（1）一般中小机械，如小型挖掘机、机动翻斗车、混凝土搅拌机、砂浆搅拌机等，由土建施工单位使用并负责管理。

（2）大型机械和数量不多的特殊机械设备，如大型的挖掘机、推土机、压路机、大型吊车、升板滑模等设备，由机械施工单位负责管理，根据各土建施工单位施工的需要，由机械施工单位进行施工；或将机械租给土建施工单位，向土建施工单位收取机械台班费或机械租赁费。

3. 机械使用费的内容

机械使用费的内容构成如下：

（1）人工费，指机械操作人员的工资和福利费。

（2）燃料、动力费，指施工机械耗用的燃料、动力费用。

（3）材料费，指施工机械耗用的润滑材料和擦拭材料费用。

（4）折旧费和修理费，指对施工机械计提的折旧费、大修理费用摊销和发生的经常修理费，以及租赁施工机械的租赁费。

（5）替换工具、部件费，指施工机械上使用的传动皮带、轮胎、胶管、钢丝绳、变压器、开关、电线、电缆等替换工具和部件的摊销费和维修费。

（6）运输装卸费，指将施工机械运到施工现场及在施工现场范围内转移的运输、安装、拆卸、试车等的费用。

（7）辅助设施费，指为使用施工机械而建造、铺设的基础、底座、工作台、行走轨道等的费用。

（8）养路费、车船税，指为施工运输机械缴纳的养路费和车船税。

（9）间接费用，指机械施工单位组织机械施工和保管机械发生的费用，以及停机时照常提取的折旧、维修费等。

二、机械使用费的核算方法

1. 机械使用费的总分类核算

机械使用费的总分类核算，应先在“工程施工——合同成本——机械使用费”明细账户进行。施工单位发生的各项机械使用费，借记“工程施工——合同成本——机械使用费”科目，贷记“原材料”“周转材料”“材料成本差异”“应付职工薪酬”“银行存款”“累计折旧”等科目。

【例4－2】本月机械施工队发生了以下费用：

①领用原材料、油料、机物料1 100元，低值易耗品150元，应分摊材料成本差异25元。

②本月工人工资4 000元，职工福利费560元。

③使用银行支票购买配件共计2 165元。

④本月计提固定资产折旧费8 000元。

依据以上原始凭证资料，作会计分录如下：

借：工程施工——合同成本——机械施工使用费	16 000	
贷：原材料		1 100
周转材料		150
材料成本差异		25
应付职工薪酬		4 560
银行存款		2 165
累计折旧		8 000

2. 机械使用费的明细分类核算

机械使用费的明细分类核算，对大型机械可按不同的机械分别进行；对中型机械一般可按机械类别进行；至于那些没有专人使用的小型施工机械，如打夯机、卷扬机、砂浆机、钢筋木工机械等的使用费，可合并计算它们的折旧、修理费。

大型机械使用费的分配，一般都以施工机械的工作台时（或工作台班、完成工作量）为标准。各施工机械对各项工程施工的工作台时，可以根据各种机械的使用记录，在“机械使用月报”中加以汇总。

根据机械使用费明细分类账记录的机械使用费合计数和机械使用月报中各项工程的工作台时，可通过下列计算公式将机械使用费进行分配：

某项工程应分配的机械使用费＝该项工程使用机械的工作台时

×（机械使用费合计÷机械工作台时合计）

对于各种中型机械的机械使用费的核算，也可不分机械种类进行。在这种情况下，对于各项工程应分配的机械使用费，可在月终先根据机械使用月报中各种机械的工作台时合计分别乘该种机械台时费计划数，求得当月按各种机械台时费计划数计算的机械使用费合计，然后与当月实际发生的机械使用费合计数比较，求得机械使用费实际数与按台时数计划数的百分比，再将各项工程按台时费计划数计算的机械使用费进行调整，并将分配的机械使用费作如下会计分录：

借：工程施工——×项目工程

　　贷：工程施工——合同成本——机械使用费

对于小型施工机械的折旧、修理费，可于月末按各项工程的工料费或工作量的比例，分别记入各项工程成本的“工程施工——合同成本——机械使用费”项目。

第三节　其他直接费用与间接费用的核算

一、其他直接费用的核算

1. 其他直接费用的内容

工程成本中的其他直接费用，是指在施工现场直接发生但不能记入“材料费”“人工费”和“机械使用费”项目的其他费用。主要包括以下费用项目：

（1）施工过程中耗用的水、电、风、气费。

（2）冬、雨季施工费，包括为保证工程质量，采取保温、防雨措施所需增加的材料、人工和各项设施费用。

（3）因场地狭小等原因而发生的材料二次搬运费。

（4）土方运输费。

（5）生产工具用具使用费、检验试验费、工程定位复测费、工程点交费、场地清理费等。

2. 其他直接费用的核算方法

（1）施工单位在现场耗用的水、电、风、气和运输等劳务，可按实际结算数记入“工程施工”账户的借方和有关工程成本的“合同成本——其他直接费用”项目。如用银行存款为某项工程支付土方运输费9 000元，则作如下会计分录：

借：工程施工——合同成本——其他直接费用　　9 000

　　贷：银行存款　　9 000

（2）对于不能直接计入各项工程成本的水、电、风、气等劳务费用，可在月终根据各项工程的实际耗用量，编制分配表，将各项劳务费用分配给各有关工程成本。根据水、电、风、气、运输费用分配表，可将各项工程分配的水、电、风、气和材料二次搬运费等记入各项工程成本的“合同成本——其他直接费用”项目。

（3）对于施工现场发生的各项冬、雨季施工费以及工程定位复测费、工程点交费、场地清理费、检验试验费等其他直接费用，凡能直接计入各项工程成本的，应直接计入；不能直接计入各项工程成本的，应先行汇总登记，然后按照一定标准将它分配计入有关工程成本。

二、施工间接费用的核算

工程成本中除以上所说的各项直接费用外，还包括施工单位组织施工、管理所发生的各项费用。这些费用，虽为组织施工、管理所必需，但是不能确定其为某项工程成本所应负担，因而无法将它直接计入各项工程成本。为了简化核算手续，都将它先记入“工程施工——间接费用”账户，然后将它分配计入各项工程成本。

1. 施工间接费用的内容

施工间接费用的内容，一般包括：

（1）管理人员工资，指施工单位管理人员的工资、工资性津贴、补贴等。

（2）职工福利费，指施工单位管理人员实际发生的职工福利费。

（3）折旧费，指施工单位施工、管理、使用属于固定资产的房屋、设备、仪器等的折旧费。

（4）修理费，指施工单位施工、管理、使用属于固定资产的房屋、设备、仪器等的经常修理费和大修理费。

（5）工具、用具使用费，指施工单位、施工管理部门使用不属于固定资产的工具、器具和检验、试验、消防用具等的购置、摊销和修理费。

（6）办公费，指施工单位管理部门办公用的文具、纸张、账表、印刷、邮电、书报、会议、水电、烧水和集体取暖用煤等的费用。

（7）差旅交通费，指施工单位员工因公出差、调动工作的差旅费、住勤补助费、市内交通和误餐补助费、上下班交通补贴、员工探亲路费、员工离退休退职一次性路费、工伤人员就医路费，以及施工单位管理部门使用的交通工具的油料、燃料、养路费、牌照费等。

（8）劳动保护费，指用于施工单位员工的劳动保护用品和技术安全设施的购置、摊销和修理费，供员工保健用的解毒剂、营养品、防暑饮料、洗涤肥皂等物品的购置和补助费，以及工地上员工洗澡、饮水的燃料费等。

（9）其他费用，指上列各项费用以外的其他间接费用。

2. 施工间接费用的核算方法

（1）施工单位发生的间接费用，在总分类核算上，应在“工程施工——间接费用”账户进行。发生的各项施工间接费用，借记“工程施工——间接费用”科目，贷记“原材料”“周转材料”“材料成本差异”“应付职工薪酬”“银行存款”“库存现金”“累计折旧”等科目。

【例4－3】本月施工现场发生的各种费用如下：

①领用原材料合计1 900元，低值易耗品360元，应分摊材料价差50元。

②本月工资费用8 500元，员工福利费1 190元。

③本月用银行支票购买其他材料2 900元，发生现金支付款项298元。

④提取施工机械折旧费3 600元。

根据上述原始凭证资料，作会计分录如下：

借：工程施工——间接费用　　18 798

　贷：原材料　　1 900

　　周转材料　　360

　　材料成本差异　　50

　　应付职工薪酬　　9 690

　　银行存款　　2 900

　　库存现金　　298

　　累计折旧　　3 600

（2）施工单位搭建的为进行施工所必需的生产和生活用的临时宿舍、仓库、办公室等临时设施，应将其搭建支出先记入“长期待摊费用”科目，然后分月摊销记入“工程施工——间接费用”科目。

（3）施工间接费用的明细分类核算，应按施工单位设置“工程施工——间接费用”明细分类账，将发生的施工间接费用按明细项目分栏登记。

（4）每月终了，应对施工间接费用进行分配。为了便于将施工间接费用的实际水平与定额比较，以考核施工间接费用的节约或超支情况，施工间接费用在各项建筑安装工程之间的分配，可按照各项工程的施工间接费用定额（即间接费用与直接费用或人工费用的百分比，建筑工程一般按直接费用的百分比，水电安装工程、设备安装工程按人工费用的百分比），对施工间接费用按比例进行分配。

【例4－4】某施工单位在2015年3月份发生施工间接费用20 538元，各项工程在3月份内发生的直接费用和它们的施工间接费用定额如下：

203商品房建筑工程直接费用为141 000元；

施工间接费用定额为直接费用的3%。

204 商品房建筑工程直接费用为 126 000 元；

施工间接费用定额为直接费用的 3%。

250 出租房建筑工程直接费用为 59 000 元；

施工间接费用定额为直接费用的 3%。

则各项工程在 3 月份应分配的施工间接费用如下：

203 商品房建筑工程：

141 000 × 3% × [20 538 ÷ (141 000 × 3% + 126 000 × 3% + 59 000 × 3%)]

= 4 230 × (20 538 ÷ 9 780)

= 4 230 × 2.1

= 8 883（元）

204 商品房建筑工程：

126 000 × 3% × (20 538 ÷ 9 780) = 3 780 × 2.1 = 7 938（元）

250 出租房建筑工程：

59 000 × 3% × (20 538 ÷ 9 780) = 1 770 × 2.1 = 3 717（元）

根据上列计算，就可编制施工间接费用分配表。对于分配于各项工程成本的施工间接费用，借记“工程施工”科目，贷记“工程施工——间接费用”科目，并记入各项工程成本的“工程施工——间接费用”项目，作会计分录如下：

借：工程施工——203 工程　　8 883

——204 工程　　7 938

——250 工程　　3 717

贷：工程施工——间接费用　　20 538

第四节　工程成本的核算

一、工程成本期的确定

工程成本的结算，一般要配合工程价款结算，采用与工程价款结算时间相一致的结算期。

（1）采用按月结算工程价款的工程，企业应以月为成本结算期。

（2）采用分段结算工程价款的工程，企业应以合同规定的工程价款结算期为工程成本结算期。

（3）采用竣工后一次结算工程价款的工程，企业应在工程竣工后结算工程成本。

二、采用按月结算工程价款的工程核算方法

1. 已完工程预算成本的计算

施工单位采用按月结算工程成本时，必须及时计算月度已完工程的预算成本。

（1）已完工程的含义。

已完工程，是指已完成定额中规定的一定组成部门内容的工程，一般为分部分项工程。分部分项工程是构成建筑工程的工程实体，规定有一定的工作内容和计量单位，可用来正确确定已完工程的数量，鉴定已完工程的质量，同时具有正确计算工程单价的条件。由于企业对这部分工程不再需要进行任何施工活动，已可确定工程数量和工程质量，所以将其作为已完成工程，计算它的预算成本和预算造价，并向发包单位进行点交和结算。

(2) 已完工程预算成本的计算方法。

已完工程预算成本的计算，是根据已完工程的实物量、预算单价和定额进行的。其计算公式如下：

本月已完建筑工程预算成本 = ∑（本月实际完成建筑工程量 × 预算单价）×（1 + 间接费用定额）

本月已完安装工程预算成本 = ∑［（本月实际完成安装工程量 × 预算单价）+（本月已完安装工程人工费 × 间接费用定额）］

在实际工作中，已完工程预算成本通常由统计部门于月末先行实地丈量已完工程实物量，然后根据预算单价和间接费用定额，在“已完工程结算表”中进行计算。对各项已完工程，都要注明定额编号，以便于成本计算人员根据定额编号，查阅预算中的材料费、人工费等单价，计算出各项已完工程的材料费、人工费、机械使用费和其他直接费用。

【例 4－5】某项墙面抹灰工程，共计 1 500 平方米，每平方米的预算单价为直接费用 1.90 元，其中：材料费为 1.40 元，人工费为 0.41 元，机械使用费为 0.06 元，其他直接费用为 0.03 元。则：

在 1 500 平方米墙面抹灰工程预算成本中：

直接费用为：1.90 × 1 500 = 2 850（元）

其中：材料费 = 1.40 × 1 500 = 2 100（元）

人工费 = 0.41 × 1 500 = 615（元）

机械使用费 = 0.06 × 1 500 = 90（元）

其他直接费用 = 0.03 × 1 500 = 45（元）

2. 未完工程成本的计算

(1) 未完工程的含义。

施工单位在工程施工过程中，除了已完工程外，还有一部分已投入人工、材料，但尚未完成预算定额中规定的工程内容，不易确定工程数量和工程质量的工程，这部分工程通常称为“未完施工”，又叫“未完工程”。

（2）未完工程成本的计算方法。

要计算已完工程的实际成本，必须先计算未完施工的实际成本，因为在本月施工工程实际成本中，包括了月末未完施工成本。只有从本月施工工程实际成本中，减去月末未完施工成本，加上月初未完施工成本，才能计算出本月已完工程实际成本。为了简化计算手续，一般都是以预算成本代替。

未完施工成本的计算，首先由统计人员在“未完施工盘点单”中进行，其计算方法如下：

①盘点未完施工，确定未完施工实物量。月末由统计人员到施工现场进行实地丈量，确定未完施工的实物量，在“未完施工盘点单”中填列未完施工的名称、已完工序及数量，并注明定额。

②计算折合已完工程数量。由于工程预算单价一般是按单位分部工程确定的，所以要计算未完施工成本，必先将未完施工的实物量，折合为已完分部工程的实物量。为此，就要根据各分部工程的已完工序内容，确定各工序的折合系数。比如灰砂浆底、纸筋面墙抹灰工程，规定应抹两道，如只抹了底层，而底层预算工料费占墙面抹灰工程工料的80%，则底层抹灰折合系数为80%。

【例4－6】本月在150平方米墙面抹灰工程上，只抹完底层，折合系数为80%，则已完抹灰工程数量计算如下：

折合已完工程数量＝未完工施工数量×折合系数

＝150×80%＝120（平方米）

③计算未完施工成本。未完施工成本可按折合已完工程数量、预算单价（直接费用）和间接费用定额计算。其计算公式如下：

未完施工建筑工程成本 = ∑（未完施工建筑工程折合已完工程数量 ×预算单价）×（1 + 间接费用定额）

未完施工安装工程成本 = ∑［（未完施工安装工程折合已完工程数量 ×预算单价）+（未完施工安装工程人工费 ×间接费用定额）］

假设上例每平方米墙面抹灰工程预算单价为 1.90 元，间接费用定额为 3%，则 150 平方米墙面抹灰未完施工成本为：

（150 ×80%）×1.90 ×（1 +3%）=234.84（元）

如果月初与月末未完施工相关不大，也可考虑在季末进行盘点，以简化核算手续。在这种情况下，季度第一、第二月份月末未完施工成本，按季初（即上季末）未完施工成本计算。

对于未完施工比重较大，而且月初、月末数量相差较为悬殊的工程，为了正确计算成本和结算工程利润，也可考虑按如下公式计算未完施工的实际成本：

未完施工实际成本 =（月初未完施工实际成本 + 本月工程实际成本）÷（本月已完工程数量 + 月末未完施工折合已完工程数量）× 月末未完施工折合已完工程数量

采用这种计算方法，本月工程实际成本必须按照分部分项工程分别计算，以分部分项工程为成本计算对象，因为不同分部分项工程的工程量是不能相加计算的。

3. 已完工程实际成本和工程预算成本的计算

根据本月已完工程预算成本，本月施工工程实际成本（即“工程施工成本明细分类账”中本期工程实际成本）和月初、月末未完施工成本，就可以计算本月已完工程实际成本和本月施工工程预算成本。其计算公式如下：

本月已完工程实际成本 = 本月工程实际成本 + 月初未完施工成本 − 月末未完施工成本

本月工程预算成本 = 本月已完工程预算成本 + 月末未完施工成本 – 月初未完施工成本

由此可见，本月已完工程成本，包括月初未完施工成本，但不包括月末未完施工成本。本月工程成本，包括月末未完施工成本，但不包括月初未完施工成本。

4. 工程成本结算的账务处理

对已向发包单位进行盘点清算的已完工程的实际成本，应借记“工程结算”科目，贷记“工程施工”科目。

三、采用分段工程成本结算和竣工工程成本结算方法

施工单位如果是采用分段结算工程价款的办法，按分段工程结算成本，则在各个规定部位工程完工以后，要编制“已完工程结算表”，并对未完成合同规定部位的工程加以盘点，编制“未完工程盘点单”，计算未完工程成本。“已完工程结算表”和“未完工程盘点单”的格式和编制方法，大体上与上面所说的“已完工程结算表”和“未完施工盘点单”相同，所不同的是，用部位工程代替分部工程。当然，部位工程成本，仍是按有关分部工程成本加总计算求得。

在计算出未完工部位工程成本后，即可按以下公式计算各月已完工部位工程实际成本：

本月已完工部位工程实际成本 = 工程施工成本明细分类账户中未结转工程实际成本 – 未完工程盘点单中未完工程部位工程成本

对已向发包单位进行结算的已完工部位工程的实际成本，应借记“工程结算”科目，贷记“工程施工”科目。同时要在该项工程“工程施工”成本明细分类账中，将已结转的已完工部位工程成本用红字加以记录。

施工单位如果是采用竣工后一次结算价款的办法，在竣工后一次性结算成本，只要在“工程施工”成本明细分类账中记录其发生的成本，于工程竣工后一次性将其结转即可。

第五节 单位工程竣工成本决算

一、竣工成本决算的前期工作

单位工程竣工决算前应做好以下业务工作：

（1）配合预算部门检查工程造价的计算依据是否完整，检查有否预算漏项和计算错误情况。

（2）检查发包单位供料、供水、供电等事项是否全部入账。

（3）现场剩余材料是否办理了退料或转移手续。

（4）工程成本中的记录是否完整、准确，有无将属于专项工程的支出计入此单位工程的工程成本。

二、竣工工程成本决算的前提条件

根据统计制度和财务制度的有关工程竣工验收、使用的规定，竣工工程必须按原设计规定的内容全部完成，才能算竣工，才能办理竣工成本决算。

三、编制竣工成本决算的方法

单位工程“竣工成本决算表”的简化格式如表 4 - 1 所示。

“竣工成本决算表”的填制方法如下：

（1）“预算成本”栏内各项数字，根据施工图预算分析填入，也可以根据各月有关该项工程“已完工程结算表”中的预算成本，按成本项目分别加总填入。

（2）“实际成本”栏内各项目数字，根据“工程施工成本明细分类账”的记录填入。为了反映单位工程的全部成本，对于有分包单位参加施工的工程，还要在补充资料中反映分包工程成本，以便于计算竣工工程的总成本和单位平方米的造价。

表4－1　竣工成本决算表（简表）

建设单位：　　工程编号名称：　　工程结构：　　层数：

建筑面积：　　工程造价：

开工日期：　　年　月　日　竣工日期：　年　月　日

单位：元

项目	预算成本	实际成本	降低额	降低率（%）
材料费				
人工费				
材料使用费				
其他直接费用				
直接费用小计				
间接费用				
工程成本合计				
补充资料				
单位成本				

制表：　　编制日期：　　年　月　日

（3）对于将几个单位工程合并为一个成本计算对象的，可将几个单位工程合并办理成本决算，但必须按各个单位工程的预算成本或预算造价的比例，计算出各个单位工程的实际成本。其计算公式如下：

某项单位工程实际成本＝某成本计算对象的实际总成本×［该项单位工程预算成本（或预算造价）÷某成本计算对象预算总成本（或总造价）］

【例4－7】某施工单位承建A发包单位的幼儿园、商场、住宅楼三个单位工程，由于结构相同，并在一个工地施工，很难将各个单位工程用料分开，因此在成本计算时将它们合并为一个成本计算对象。竣工后，结算其实际总成本为570万元。三个单位工程的预算总成本为600万元，其中：幼儿园为80万元，商场为120万元，住宅楼为400万元。则三个单位工程的实际成本计算如下：

①幼儿园工程实际成本为：

570×（80÷600）＝76（万元）

②商场工程实际成本为：

570×（120÷600）＝114（万元）

③住宅楼工程实际成本为：

570×（400÷600）＝380（万元）

综合以上所述，对施工工程成本进行核算，应做以下工作：

（1）根据“开工报告”确定成本核算对象，开设“工程施工成本明细分类账”。

（2）按成本核算对象和成本项目，汇总计算分配材料、人工、折旧等费用。

（3）分配机械使用费、其他直接费用和间接费用。

（4）计算各月施工工程成本。

（5）根据“未完施工盘点单”，记录未完施工成本。

（6）根据“已完工程结算表”，记录已完工程预算成本。

（7）计算各月工程预算成本和已完工程实际成本。

（8）根据“竣工报告”，在按成本核算对象设置的“工程施工成本明细分类账”中，计算竣工工程的实际成本和预算成本，编制单位工程竣工决算。

第五章

开发产品成本的核算

第一节 土地开发成本的核算

一、土地开发支出划分和归集的原则

房地产开发企业开发的土地，按用途可将其分为如下两种：一种是为了转让、出租而开发的商品性土地（也叫商品性建设场所）；另一种是为开发商品房、出租房等房屋而开发的自用土地。前者是企业的最终开发产品，其费用支出单独构成土地的开发成本；而后者则是企业的中间开发产品，其费用支出应计入商品房、出租房等有关房屋开发成本。

现行会计制度中设置的“开发成本——土地开发成本”账户，它的核算内容，与企业发生的土地开发支出并不完全对口，原则上仅限于企业开发各种商品性土地所发生的支出。企业为开发商品房、出租房等房屋而开发的土地，其费用可分清负担对象的，应直接计入有关房屋开发成本，在“开发成本——房屋开发成本”账户进行核算。如果企业开发的自用土地，分不清负担对象，应由两个或两个以上成本核算对象负担的，其费用可先通过“开发成本——土地开发成本”账户进行归集，待土地开发完成投入使用时，再按一定的标准（如房屋占地面积或房屋建筑面积等）将其分配计入有关房屋开发成本。

如果企业开发商品房、出租房用的土地属于企业开发商品性土地的一部分，则应将整块土地作为一个成本核算对象，在“开发成本——土地开发成本”账户中归集其发生的全部开发支出，计算其总成本和单位成本，并于土地开发完成时，将成本结转到开发产品账户。待使用土地时，再将使用土地所应负担的开发成本，从开发产品账户转入“开发成本——房屋开发成本”账户，计入商品房、出租房等房屋的开发成本。

二、土地开发成本核算对象的确定和成本项目的设置

1. 土地开发成本核算对象的确定

为了既有利于土地开发支出的归集，又有利于土地开发成本的结转，对需要单独核算土地开发成本的开发项目，可按下列原则确定土地开发成本的核算对象：

（1）对开发面积不大、开发工期较短的土地，每一个独立的开发项目都可作为成本核算对象。

（2）对开发面积较大、开发工期较长、分区域开发的土地，可以一定区域作为土地开发成本核算对象。

2. 土地开发成本项目的设置

企业开发的土地，因其设计要求不同，开发的层次、程度和内容都不相同，有的只是进行场地的清理平整，如原有建筑物、障碍物的拆除和土地的平整；有的除了场地平整外，还要进行地下各种管线的铺设、地面道路的建设等。因此，就各个具体的土地开发项目来说，它的开发支出内容是不完全相同的。企业要根据所开发土地的具体情况和会计制度规定的成本项目，设置土地开发项目的成本项目。对于会计制度规定的、企业没有发生支出内容的成本项目，如建筑安装工程费、配套设施费，可不必设置。根据土地开发支出的一般情况，企业对土地开发成本的核算，可设置如下几个成本项目：

（1）土地征用及拆迁补偿费或土地批租费。

（2）前期工程费。

（3）基础设施费。

（4）开发间接费。

其中，土地征用及拆迁补偿费是指按照城市建设总体规划进行土地开发所发生的土地征用费、耕地占用税、劳动力安置费，及有关地上、地下物拆迁补偿费等，但对拆迁旧建筑物回收残值应估计入账并冲减有关成本。开发土地如果是通过批租方式取得的，应列入批租地价。

前期工程费是指土地开发项目前期工程发生的费用，包括规划、设计费，项目可行性研究费，水文、地质勘察、测绘费，场地平整费等。

基础设施费是指土地开发过程中发生的各种基础设施费，包括道路、供水、供电、供气、排污、排洪、通信等设施费用。开发间接费用指应由商品性土地开发成本负担的开发间接费用。土地开发项目如要负担不能有偿转让的配套设施费，还应设置配套设施费成本项目，用以核算应计入土地开发成本的配套设施费。

三、土地开发成本的核算

企业在土地开发过程中发生的各项支出，除可将直接计入房屋开发成本的自用土地开发支出，在“开发成本——房屋开发成本”账户核算外，其他土地开发支出均应通过“开发成本——土地开发成本”账户进行核算。

为了分清转让、出租用土地开发成本和不能确定负担对象自用土地开发成本，对土地开发成本应按土地开发项目的类别，也可分别设置“商品性土地开发成本”和“自用土地开发成本”两个二级账户，并按成本核算对象和成本项目设置明细分类账。对发生的土地征用及拆迁补偿费、前期工程费、基础设施费等土地开发支出，可直接记入各土地开发成本明细分类账，借记“开发成本——商品性土地开发成本”“开发成本——自用土地开发成本”科目，贷记“银行存款”“应付账款——应付工程款”等科目。

发生的开发间接费用，可先在开发间接费用账户进行核算，于月份终了再按一定标准，分配计入有关开发成本核算对象。应由商品性土地开发成本负担的开发间接费用，应借记“开发成本——商品性土地开发”成本科目，贷记“开发间接费用”科目。

【例5-1】某房地产开发企业在本月内，共发生了下列有关土地开发支出：

	240 商品性土地	246 自用土地
支付征地拆迁费	78 000元	72 000元
支付承包设计单位前期工程款	20 000元	18 000元
应付承包施工单位基础设施款	25 000元	18 000元
分配开发间接费用	10 000元	
合计	133 000元	108 000元

在用银行存款支付征地拆迁费时，作会计分录如下：

借：开发成本——商品性土地开发成本　　78 000

　　　　　　——自用土地开发成本　　72 000

　贷：银行存款　　150 000

用银行存款支付承包设计单位前期工程款时，作会计分录如下：

借：开发成本——商品性土地开发成本　　20 000

　　　　　　——自用土地开发成本　　18 000

　贷：银行存款　　38 000

将应付承包施工单位基础设施款入账时，作会计分录如下：

借：开发成本——商品性土地开发成本　　25 000

　　　　　　——自用土地开发成本　　18 000

　贷：应付账款——应付工程款　　43 000

分配应记入商品性土地开发成本的“开发间接费用”时，作会计分录如下：

借：开发成本——商品性土地开发成本　　　10 000

　　贷：开发间接费用　　　10 000

同时应将各项土地开发支出分别记入商品性土地开发成本、自用土地开发成本明细分类账（表5－1）。

表5－1　商品性土地开发成本明细分类账

单位：元

2015年		凭证号数	摘要	借方金额	贷方金额	方向	余额	明细科目借方发生额			
月	日							土地征用及拆迁补偿费	前期工程费	基础设施费	开发间接费用
4	30		本年累计			借	1 738 000	1 018 000	220 000	330 000	170 000
			支付征地拆迁费	156 000		借	1 894 000	156 000			
			支付前期工程费	40 000		借	1 934 000		40 000		
			支付基础设施工程款	50 000		借	1 984 000			50 000	
			分配开发间接费用	20 000		借	2 004 000				20 000

四、已完土地开发成本的结转

已完土地开发成本的结转，应根据已完成开发土地的用途，采用不同的成本结转方法。

其中企业取得的土地使用权，通常应当按照取得时所支付的价款及相关税费确认为无形资产。土地使用权用于自行开发建造厂房等地上建筑物时，土地使用权的账面价值不与地上建筑物合并计算其成本，而仍作为无形资产进行核算，土地使用权与地上建筑物分别进行摊销和提取折旧。但下列情况除外：

（1）房地产开发企业取得的土地使用权用于建造对外出售的房屋建筑物，相关的土地使用权应当计入所建造的房屋建筑物成本。

（2）企业外购的房屋建筑物，实际支付的价款中包括土地以及建筑物的价值，则应当对支付的价款按照合理的方法（例如，公允价值比例）在使用权之间进行合理分配的，应当全部作为固定资产，按照固定资产确认和计量的规定进行处理。

（3）企业改变土地使用权的用途，将其用于出租或增值目的时，应将其转为投资性房地产。

为转让、出租而开发的商品性土地，在开发完成并经验收后，应将其实际成本自“开发成本——商品性土地开发成本”账户的贷方转入“开发产品——土地”账户的借方。

为本企业房屋开发用的土地，应于开发完成，土地投入使用时，将土地开发的实际成本结转计入有关房屋的开发成本。结转计入房屋开发成本的土地开发支出，可采用分项平行结转法或归类集中结转法。

分项平行结转法是指将土地开发支出的各项费用按成本项目分别平行转入有关房屋开发成本的对应成本项目。

归类集中结转法是指将土地开发支出归类合并为土地征用及拆迁补偿费（或批租地价）和基础设施费两个费用项目，然后转入有关房屋开发成本的土地征用及拆迁补偿费（或批租地价）和基础设施费成本项目。

如果自用土地开发完成后，还不能确定房屋和配套设施等项目的用地，则应先将其成本结转“开发产品——自用土地”账户的借方，于自用土地投入使用时，再从“开发产品——自用土地”账户的贷方，将其开发成本转入“无形资产”等账户的借方。

第二节 发包开发工程的核算

一、发包工程内容及价款结算方式

1. 发包工程项目的内容

房地产开发企业的基础设施和建筑安装工程的施工，如不采用自营方式，可以采用发包方式进行。

对发包的基础设施和建筑安装工程，一般采用招标、议标方式发包给施工单位。通过工程公开招标或邀请施工企业议标，将工程发包给施工企业的，按工程标价进行结算。

开发企业要根据工程承包条件的规定，同承包工程的施工企业签订工程承包合同。承包合同是发包开发企业和承包施工企业为了完成建筑安装工程，根据批准的设计文件和中标标函内容所签订，明确双方相互权利、义务关系的协议。它一般应具备以下主要内容：

（1）工程名称和地址。

（2）工程范围和内容。

（3）开、竣工日期。

（4）工程质量、保修期及保修条件。

（5）工程造价。

(6) 工程价款的支付、结算及交工验收办法。

(7) 设计文件和技术资料提供日期。

(8) 材料、设备的供应和进场期限。

(9) 双方相互协作事项和违约责任等。

2. 发包工程价款结算的方式

开发企业与施工企业在工程承包合同中规定的工程价款的结算，应根据国家有关工程价款结算办法，结合当地的有关规定具体确定，主要有如下三种：

(1) 按月结算。

按月结算就是按照每月实际完成的分部分项工程进行结算。因为建筑安装工程等虽具有个体性的特点，但不同的工程都是由一定的分部分项工程构成的，每一个分部分项工程，都有一定的施工内容、质量标准和统一的计量单位，并在短期内可以完成。国家为了管理工程造价而制定的工程预算定额和地区预算造价，都是以分部分项工程为基础的，因此，根据验收合格的各月份已完分部分项工程的工程数量和预算单价等计算的工程造价，就是各月份应结算和支付的工程款。如果招标发包工程的工程标价与工程造价不同，应按工程标价占工程预算造价的百分比进行调整计算。在具体做法上，各个地区也不尽相同，目前一般都实行月中预付、月终结算。月中预付，是指在月中按照当月施工计划所列工作量的一半预付工程款；月终结算，即在月末（实际为下月初）按照各工程当月实际完成工作量（即预算造价或调整计算后的工程标价）扣除月中预付款后进行结算。

(2) 分段结算。

分段结算就是将一个单位工程按形象进度划分为几个阶段（部位），如基础、结构、装饰、竣工等；按照各阶段的完成情况，分段验收、结算工程价款。分段结算也可按月预付工程款，即在月中按照当月施工计划工作量预付，于工程完成验收后按分段工程预算造价或调整计算后的工程标价扣除预付款后进行结算。

（3）竣工一次结算。

开发项目或单项工程施工工期在12个月以内，或者工程承包合同价值较小的，可以实行工程价款每月月中预支，竣工后一次结算。即在工程开工后，每月按当月施工计划所列工作量预付工程款，于工程竣工验收后按工程承包合同价值扣除预付工程款后进行结算。

不论采用何种结算办法，施工期间结算的工程价款一般都不超过承包工程合同价值的95%。结算双方可以在5%的幅度内协商确认尾款比例，并在工程承包合同中订明。尾款应专户存入银行，待工程竣工验收后清算。但如承包施工企业已向开发企业出具履约保函或有其他保证的，可以不留工程尾款。

二、发包开发工程的核算

在会计业务核算中，开发企业与施工企业有关发包工程款和预付备料款、工程款的核算，应在“应付账款——应付工程款”和“预付账款——预付承包单位款”两个账户进行。开发企业按照规定预付给承包施工企业的备料款和工程款，应借记“预付账款——预付承包单位款”科目；按照工程价款结算账单应付给承包施工企业的工程款，应借记“开发成本——房屋开发成本”等科目，贷记“应付账款——应付工程款”科目。如有扣除应付工程款的预付备料款和预付工程款时，应将扣回的预付备料款和预付工程款贷记“预付账款——预付承包单位款”“应付账款——应付工程款”等科目，仅记减去扣回预付备料款和预付工程款后的应付账款。支付工程款时，借记“应付账款——应付工程款”科目，贷记“银行存款”等科目。

【例 5 -2】某开发企业的朝雅大厦发包工程年度合同总值为 375 万元。按照合同规定，开工前应预付备料款 90 万元，则在用银行存款支付时，应作会计分录如下：

借：预付账款——预付承包单位款　　　　900 000

　贷：银行存款　　　　900 000

3 月份根据施工企业当月施工计划所列工作量即 175 万元，用银行存款预付工程款时，作会计分录如下：

借：预付账款——预付承包单位款　　　　1 750 000

　贷：银行存款　　　　1 750 000

4 月初根据施工企业提出的工程价款结算账单验收，已完工程价值为 375 万元，减去扣回应承担的预付备料款 90 万元，应承担预付工程款 175 万元，尚应支付工程款 110 万元（375 万 -90 万 -175 万），应作会计分录如下：

借：开发成本　　　　3 750 000

　贷：预付账款——预付承包单位款　　　　2 650 000

　　应付账款——应付工程款　　　　1 100 000

用银行存款支付应付工程款时，应作会计分录如下：

借：应付账款——应付工程款　　　　1 100 000

　贷：银行存款　　　　1 100 000

第三节 开发间接费用的核算

一、开发间接费用的构成

开发间接费用，是指房地产开发企业内部独立核算单位在开发现场组织管理开发产品而发生的各项费用。这些费用属于直接为房地产开发而发生的费用，但不能确定其是为开发某项产品所应负担的，因而无法将它直接计入各项开发产品成本。为了简化核算手续，将它先记入“开发间接费用”账户，然后按照适当分配标准，将它分配计入各项开发产品成本。

开发间接费用的列支项目主要有以下方面：

（1）工资，指开发企业内部独立核算单位现场管理机构的行政、技术、经济、服务等人员的工资、奖金和津贴。

（2）福利费，指实际发生的职工福利费。

（3）折旧费，指开发企业内部独立核算单位使用属于固定资产的房屋、设备、仪器等提取的折旧费。

（4）修理费，指开发企业内部独立核算单位使用属于固定资产的房屋、设备、仪器等发生的修理费。

（5）办公费，指开发企业内部独立核算单位各管理部门办公用的文具、纸张、印刷、邮电、书报、会议、差旅交通、烧水和集体取暖用煤等费用。

（6）水电费，指开发企业内部独立核算单位各管理部门耗用的水电费。

（7）劳动保护费，指用于开发企业内部独立核算单位员工的劳动保护用品的购置、摊销和修理费，供员工保健用营养品、防暑饮料、洗涤肥皂等物品的购置费用和补助费，以及工地上员工洗澡、饮水的燃料费等。

（8）周转房摊销，指不能确定为某项开发项目安置、拆迁居民周转使用的房屋而计提的摊销费。

（9）利息支出，指开发企业为开发房地产而借入的资金所发生的，但不能直接计入某项开发成本的利息支出及相关的手续费，但应冲减使用前暂存银行而发生的利息收入。开发产品完工以后的借款利息，应作为财务费用，计入当期损益。

（10）其他费用，指上述各项费用以外的其他开发间接费用支出。

二、开发间接费用的归集与分配

1. 开发间接费用的归集

开发间接费用的归集，在“开发间接费用”账户进行。企业所属各内部独立核算单位发生的各项开发间接费用，自“应付职工薪酬”“累计折旧”“长期待摊费用”“银行存款”“周转房——周转房摊销”等账户的贷方转入“开发间接费用”账户的借方。

【例5-3】某开发公司朝雅大厦施工现场本月发生以下经济业务：

（1）本月发放工资8 000元，结转开发间接费用时，作会计分录如下：

借：开发间接费用　　8 000

　　贷：应付职工薪酬——工资　　8 000

（2）根据发放工资总额计算员工福利费，实际发生比例为14%，计1 120元，其会计分录如下：

借：开发间接费用　　1 120

　　贷：应付职工薪酬——福利费　　1 120

（3）本月计提固定资产折旧费10 000元，其会计分录如下：

借：开发间接费用　　10 000

　　贷：累计折旧　　10 000

（4）摊销周转房费用10 500元，其会计分录如下：

借：开发间接费用　　10 500

　　贷：长期待摊费用　　10 500

（5）购置办公用品及劳保用品250元，由支票转账，其会计分录如下：

借：开发间接费用　　250

　　贷：银行存款　　250

（6）摊销租入固定资产改良支出3 500元，其会计分录如下：

借：开发间接费用　　3 500

　　贷：长期待摊费用　　3 500

开发间接费用的明细分类核算，一般要按所属内部独立核算单位设置开发间接费用明细分类账，将发生的开发间接费用按明细项目分栏登记。开发间接费用明细分类账的格式见表5－2所示。

表5－2　开发间接费用明细分类账

单位：元

2015年		摘要	借方金额	贷方金额	方向	余额	借方明细发生额							
月	日						工资	福利费	折旧费	装修费	办公费	周转房摊销	……	其他费用
3	5	购置办公用品	250								250			
	31	现场管理人员工资	8 000				8 000							

续表

2015 年		摘要	借方金额	贷方金额	方向	余额	借方明细发生额							
月	日						工资	福利费	折旧费	装修费	办公费	周转房摊销	……	其他费用
	31	计提职工福利费	1 120					1 120						
	31	计提折旧	10 000						10 000					
	31	摊销改良支出	3 500							3 500				
	31	周转房摊销	10 500									10 500		
		本月合计	33 370		借	33 370	8 000	1 120	10 000	3 500	250	10 500		

必须指出，如果开发企业不设置现场管理机构而由企业（即公司本部）定期或不定期地派人到开发现场组织开发活动，其所发生的费用，除周转房摊销外，其他开发间接费用可计入企业的管理费用。

2. 开发间接费用的分配

每月终了，应对开发间接费用进行分配，按实际发生数计入有关开发产品的成本。开发间接费用的分配方法，企业可根据开发经营的特点自行确定。不论是土地开发、房屋开发、配套设施还是代建工程，均应分配开发间接费用。为了简化核算手续并防止重复分配，对应计入房屋等开发项目成本的自用土地和不能有偿转让的配套设施的开发项目成本，均不分配开发间接费用。这部分开发产品应负担的开发间接费用，可直接分配计入有关房屋开发成本。也就是说，企业内部独立核算单位发生的开发间接费用，可仅对有关开发房屋、商品性土地、能有偿转让配套设施及代建工程进行分配。开发间接费用的分配标准，可按月份内各项开发产品实际发生的直接成本（包括土地征用及拆迁补偿费或批租地价、前期工程费、基础设施费、建筑安装工程费、配套设施费）进行，即

某项开发产品成本分配的开发间接费＝月份内该项开发产品实际发生的直接成本×（本月实际发生的开发间接费用÷应分配开发间接费用的各开发产品实际发生的直接成本总额）

【例5－4】某房地产开发企业某内部独立核算单位在2015年3月份共发生了开发间接费用166 400元，应分配开发间接费用的各开发产品实际发生的直接成本如下：

开发产品编号名称	直接成本
203 商品房	200 000
204 商品房	480 000
250 出租房	300 000
260 周转房	280 000
271 大型配套设施——商店	320 000
276 商品性土地	500 000
合计	2 080 000

根据上列公式，即可为各开发产品算得3月份应分配的开发间接费用：

203 商品房：200 000×（166 400÷2 080 000）×100%

＝200 000×8%

＝16 000（元）

204 商品房：480 000×8%＝38 400（元）

250 出租房：300 000×8%＝24 000（元）

260 周转房：280 000 × 8% = 22 400（元）

271 大型配套设施：320 000 × 8% = 25 600（元）

276 商品性土地：500 000 × 8% = 40 000（元）

根据上面计算，就可编制如表 5 – 3 所示的开发间接费用分配表。

表 5 – 3　开发间接费用分配表

单位：元

开发项目编号名称	直接成本	分配开发间接费
203 商品房	200 000	16 000
204 商品房	480 000	38 400
250 出租房	300 000	24 000
260 周转房	280 000	22 400
271 大型配套设施	320 000	25 600
276 商品性土地	500 000	40 000
合　计	2 080 000	166 400

根据开发间接费用分配表，可将各开发产品成本分配的开发间接费记入各开发产品成本核算对象的“开发间接费用”成本项目，并将它记入开发成本二级账户的借方和“开发间接费用”账户的贷方，作如下会计分录：

借：开发成本——房屋开发成本　　100 800
　　　　　　——配套设施开发成本　　25 600
　　　　　　——商品性土地开发成本　　40 000
　贷：开发间接费用　　166 400

第四节　房屋开发成本的核算

一、房屋开发的种类及其核算对象

1. 开发房屋的种类

开发企业开发的房屋，按其用途可分为如下几类：

（1）为销售而开发的商品房。

（2）为出租经营而开发的出租房。

（3）为安置被拆迁居民周转使用而开发的周转房。

此外，有的开发企业还受其他单位委托开发住宅等代建房。这些房屋，虽然用途不同，但其所发生的开发费用的性质和用途都大体相同，在成本核算上也可采用相同的方法。为了既能总括反映房屋开发所发生的支出，又能分门别类地反映企业各类房屋的开发支出，并便于计算开发成本，在会计上除设置“开发成本——房屋开发成本”账户外，还应按开发房屋的性质和用途，分别设置商品房、出租房、周转房、代建房等三级账户，并按各成本核算对象和成本项目进行明细分类核算。

2. 开发房屋核算对象的确定

房屋的成本核算对象，应结合开发地点、用途、结构、装修、层高、施工队伍等因素加以确定。

（1）一般房屋开发项目，以每一独立编制设计概（预）算，或每一独立的施工图预算所列的单项开发工程为成本核算对象。

（2）同一开发地点，结构类型相同的群体开发项目，开、竣工时间相近，属同一施工队伍施工的，可以合并为一个成本核算对象，于开发完成，算得实际开发成本后，再按各个单项工程概（预）算数的比例，计算各幢房屋的开发成本。

（3）对于个别规模较大、工期较长的房屋开发项目，可以结合经济责任制的需要，按房屋开发项目的位置划分成本核算对象。

3. 开发房屋成本核算的项目

开发企业对房屋开发成本的核算，应设置如下几个成本项目：

（1）土地征用及拆迁补偿费或批租地价。

（2）前期工程费。

（3）基础设施费。

（4）建筑安装工程费。

（5）配套设施费。

（6）开发间接费用。

其中土地征用及拆迁补偿费是指房屋开发中征用土地所发生的土地征用费、耕地占用税、劳动力安置费，以及有关地上、地下物拆迁补偿费，或批租地价。前期工程费是指房屋开发前期发生的规划设计、项目可行性研究、水文地质勘察、测绘等支出。基础设施费是指房屋开发中各项基础设施发生的支出，包括道路、供水、供电、供气、排污、排洪、照明、绿化、环卫设施等支出。建筑安装工程费是列入房屋开发项目和建筑安装工程施工图预算内的各项费用支出（包括设备费用）。配套设施费是指按规定应计入房屋开发成本，不能有偿转让的公共配套设施（如锅炉房、水塔、居委会、派出所、幼儿园、消防设施、自行车棚、公厕等）的支出。开发管理费是指应由房屋开发成本负担的开发间接费用。

二、房屋开发成本的核算

1. 土地征用及拆迁补偿费（或批租地价）的核算

房屋开发过程中发生的土地征用及拆迁补偿费（或批租地价），能分清成本核算对象的，应直接计入有关房屋开发成本核算对象的土地征用及拆迁补偿费成本项目，借记“开发成本——房屋开发成本”科目，贷记“银行存款”科目。

房屋开发过程中发生的自用土地征用及拆迁补偿费，如分不清成本核算对象的，应将其支出先通过“开发成本——自用土地开发成本”科目进行汇集，待土地开发完成投入使用时，再按一定标准将其分配记入有关房屋开发成本核算对象，借记“无形资产”科目，贷记“开发成本——自用土地开发成本”科目。

房屋开发占用的土地，如果属于企业综合开发的商品性土地的一部分，则应将其发生的土地征用及拆迁补偿费，先在“开发成本——商品性土地开发成本”账户进行汇集，待土地开发完成投入使用时，再按一定标准将其分配计入有关房屋开发成本核算对象，借记“开发成本——房屋开发成本”科目，贷记“开发成本——商品性土地开发成本”科目。如开发完成的商品性土地已经转入开发产品或库存商品账户，则在用以建造房屋时，将其应负担的土地征用及拆迁补偿费记入有关房屋开发成本核算对象，借记“开发成本——房屋开发成本”科目，贷记“开发产品”科目。

2. 前期工程费的核算

房屋开发过程中发生的规划、设计、可行性研究以及水文地质勘察、测绘、场地平整等各项前期工程支出，能分清成本核算对象的，应直接计入有关房屋开发成本核算对象的前期工程费成本项目，借记“开发成本——房屋开发成本”科目，贷记“银行存款”等科目。应由两个或两个以上成本核算对象负担的前期工程费，应按一定标准将其分配计入有关房屋开发成本核算对象的前期工程费成本项目，借记“开发成本——房屋开发成本”科目，贷记“银行存款”科目。

3. 基础设施费的核算

房屋开发过程中发生的供水、供电、供气、排污、排洪、通信、绿化、环卫设施以及道路等基础设施支出，一般应直接或分配计入有关房屋开发成本核算对象的基础设施费成本项目，借记“开发成本——房屋开发成本”科目，贷记“银行存款”等科目。如开发完成商品性土地已转入开发产品账户，则在用以建造房屋时，应将其负担的基础设施费（按归类集中结转的还应包括负担的前期工程费和开发间接费用）计入有关房屋开发成本核算对象，借记“开发成本——房屋开发成本”科目，贷记“开发产品”科目。

4. 建筑安装工程费的核算

房屋开发过程中发生的建筑安装工程支出，应根据工程的不同施工方式，采用不同的核算方法。采用发包方法进行建筑安装工程施工的房屋开发项目，其建筑安装工程支出，应根据企业承付的已完工程价款确定，直接计入有关房屋开发成本核算对象的建筑安装工程费成本项目，借记“开发成本——房屋开发成本”科目，贷记“应付账款——应付工程款”科目。如果开发企业对建筑安装工程采用招标方式发包，并将几个工程一并招标发包，则在工程完工结算工程价款时，按各项工程预算造价的比例，计算它们的标价，即实际建筑安装工程费。

【例5－5】某开发企业将两幢商品房的建筑安装工程进行招标，标价为1 080 000元，这两幢商品房的预算造价为：

205	商品房	630 000 元
206	商品房	504 000 元
合计		1 134 000 元

则在工程完工，结算工程价款时，按如下方法计算各幢商品房的实际建筑安装工程费：

某项工程实际建筑安装工程费＝工程造价×（该项工程预算造价÷各项工程预算造价合计）

205 商品房实际建筑工程费＝1 080 000×（630 000÷1 134 000）

＝600 000（元）

206 商品房实际建筑工程费＝1 080 000－600 000

＝480 000（元）

采用自营方式进行建筑安装工程施工的房屋开发项目，其发生的各项建筑安装工程支出，一般可直接计入有关房屋开发成本核算对象的建筑安装工程费成本项目，借记“开发成本——房屋开发成本”科目，贷记“原材料”“应付职工薪酬”“银行存款”等科目。如果开发企业自行施工大型建筑安装工程，可以设置“工程施工”等科目，用来核算和归集各项建筑安装工程支出，月末将其实际成本转入“开发成本——房屋开发成本”账户，并记入有关房屋开发成本核算对象的建筑安装工程费成本项目。

企业用于房屋开发的各项设备，即附属于房屋工程主体的各项设备，应在出库交付安装时，记入有关房屋开发成本核算对象的建筑安装工程费成本项目，借记“开发成本——房屋开发成本”科目，贷记“原材料”科目。

5. 配套设施费的核算

房屋开发成本应负担的配套设施费，是指开发小区内不能有偿转让的公共配套设施支出。在具体核算时，应根据配套设施的建设情况，采用不同的费用归集和核算方法。

（1）配套设施与房屋同步开发，发生的公共配套设施支出，能够分清并可直接记入有关成本核算对象的，直接记入有关房屋开发成本核算对象的配套设施费项目，借记“开发成本——房屋开发成本”科目，贷记“应付账款——应付工程费”等科目。如果发生的配套设施支出，应由两个或两个以上成本核算对象负担，应先在“开发成本——配套设施开发成本”账户先行归集，待配套设施完工时，再按一定标准（如有关项目的预算成本或计划成本），分配记入有关房屋开发成本核算对象的配套设施费成本项目，借记“开发成本——房屋开发成本”科目，贷记“开发成本——配套设施开发成本”科目。

（2）配套设施与房屋非同步开发，即先开发房屋，后建配套设施，或房屋已开发，等待出售或出租，而配套设施尚未全部完成，在结算完工房屋的开发成本时，对应负担的配套设施费，可采取预提的办法。即根据配套设施的预算成本（或计划成本）和采用的分配标准，计算完工房屋应负担的配套设施支出，记入有关房屋开发成本核算对象的配套设施费成本项目，借记“开发成本——房屋开发成本”科目，贷记“应付账款”科目。预提数与实际支出数的差额，在配套设施完工时调整有关房屋开发成本。

6. 开发间接费用的核算

企业内部独立核算单位为开发各种开发产品而发生的各项间接费用，应先通过开发间接费用账户进行核算，每月终了，按一定标准分配计入各有关开发产品成本。应由房屋开发成本负担的开发间接费用借记“开发成本——房屋开发成本”科目，贷记“开发间接费用”科目，并记入有关房屋开发成本核算对象的开发间接费用成本项目。

三、房屋开发成本核算举例

【例 5－6】某房地产开发企业在某年度内，共发生了下列有关房屋开发的支出（单位：元）：

	203 商品房	204 商品房	250 商品房	252 商品房
支付征地拆迁费	100 000	80 000		
结转自用土地征地拆迁费			75 000	75 000
应付承包设计单位前期工程费	30 000	30 000	30 000	30 000
应付承包施工企业基础设施工程款	90 000	75 000	70 000	70 000
应付承包施工企业建筑安装工程款	600 000	480 000	450 000	450 000
分配配套设施费（水塔）	80 000	65 000	60 000	60 000
预提配套设施费（幼儿园）	80 000	72 000	64 000	64 000
分配开发间接费用	82 000	66 000	62 000	62 000

①根据上述资料，在用银行存款支付征地拆迁费时，应作会计分录如下：

借：开发成本——房屋开发成本　　180 000

　　贷：银行存款　　180 000

②结转使用土地应负担的自用土地开发成本时，应作会计分录如下：

借：开发成本——房屋开发成本　　150 000

　　贷：开发成本——商业性土地开发成本　　150 000

③提取应付设计单位前期工程款时，应作会计分录如下：

借：开发成本——房屋开发成本　　120 000

　　贷：应付账款——应付工程款　　120 000

④提取应付施工企业基础设施工程款时，应作会计分录如下：

借：开发成本——房屋开发成本　　305 000

　　贷：应付账款——应付工程款　　305 000

⑤提取应付施工企业建筑安装工程款时，应作会计分录如下：

借：开发成本——房屋开发成本　　1 980 000

　　贷：应付账款——应付工程款　　1 980 000

⑥分配应由房屋开发成本负担的水塔配套设施支出时，应作会计分录如下：

借：开发成本——房屋开发成本　　265 000

　　贷：开发成本——配套设施开发成本——水塔　　265 000

⑦预提应由房屋开发成本负担的幼儿园设施支出时，应作会计分录如下：

借：开发成本——房屋开发成本　　280 000

　　贷：应付账款——预提配套设施费——幼儿园　　280 000

⑧分配应由房屋开发成本负担的开发间接费用时，应作会计分录如下：

借：开发成本——房屋开发成本　　272 000

　　贷：开发间接费用　　272 000

同时应将各项房屋开发支出分别记入各有关房屋开发成本明细分类账。现列示房屋开发成本明细分类账——203 商品房，如表 5 -4（账页中各明细账户各月借方发生额均汇总进行登记）所示。

表 5 -4　房屋开发成本明细分类账

项目编号名称：203 商品房　　单位：元

2015 年		凭证号数	摘要	借方金额	贷方金额	方向	余额	明细科目借方发生额					
月	日							土地征用及拆迁补偿费	前期工程费	基础设施费	建筑安装工程费	配套设施费	开发间接费用
			支付征地拆迁费	100 000			100 000	100 000					

续表

2015年		凭证号数	摘要	借方金额	贷方金额	方向	余额	明细科目借方发生额					
月	日							土地征用及拆迁补偿费	前期工程费	基础设施费	建筑安装工程费	配套设施费	开发间接费用
			支付前期工程款	30 000			130 000		30 000				
			支付基础设施工程款	90 000			220 000			90 000			
			支付建筑安装工程款	600 000			820 000				600 000		
			分配水塔设施费	80 000			900 000					80 000	
			预提幼儿园设施费	80 000			980 000					80 000	
			分配开发间接费用	82 000			1 062 000						82 000

四、已完房屋开发成本的结转

房地产开发企业对已完成开发过程的商品房、代建房、周转房，应在竣工验收以后将其开发成本结转至“开发产品”账户。会计人员应根据房屋开发成本明细分类账记录的完工房屋实际成本，借记“开发产品”科目，贷记“开发成本——房屋开发成本”科目。“开发产品”账户应按房屋类别分别设置商品房、代建房、周转房等二级账户，并按各成本核算对象进行明细分类核算。假设将上例完工验收的商品房的开发成本结转开发产品账户的借方，作会计分录如下：

借：开发产品　　　　　　　　　　　　3 552 000

　　贷：开发成本——房屋开发成本　　　　　　3 552 000

第五节 配套设施开发成本的核算

一、配套设施的种类及其支出的归集原则

1. 配套设施的种类

房地产开发企业开发的配套设施，可以分为如下两类：一类是在开发小区内开发不能有偿转让的公共配套设施，如水塔、锅炉房、居委会、派出所、消防设施、幼儿园、自行车棚等。另一类是能有偿转让的城市规划中规定的大型配套设施项目，包括：

（1）开发小区内营业性公共配套设施，如商店、银行、邮局等。

（2）开发小区内非营业性配套设施，如中小学、文化站、医院等。

（3）开发项目之外的、为居民服务的给排水、供电、供气设施及交通道路等。

这类配套设施，如果没有投资来源，不能有偿转让，也将它归入第一类中，计入房屋开发成本。

2. 配套设施支出的归集原则

按照现行财务制度规定，城市建设规划中的大型配套设施项目不得计入商品房成本，因为这些大型配套设施，国家有这方面的投资。

为了正确核算和反映企业开发建设中各种配套设施所发生的支出，并准确地计算房屋开发成本和各种大型配套设施的开发成本，对配套设施支出的归集原则如下：

（1）对能分清并直接计入某个成本核算对象的第一类配套设施支出，可直接计入有关房屋等开发成本，并在“开发成本——房屋开发成

本”账户中归集其发生的支出。

(2) 对不能直接计入有关房屋开发成本的第一类配套设施支出，应先在“开发成本——配套设施开发成本”账户进行归集，于开发完成后再按一定标准分配计入有关房屋等开发成本。

(3) 对能有偿转让的第二类大型配套设施支出，应在“开发成本——配套设施开发成本”账户进行归集。

二、配套设施成本项目的确定与设置

对配套设施的开发成本应设置如下六个成本项目：

(1) 土地征用及拆迁补偿费或批租地价。

(2) 前期工程费。

(3) 基础设施费。

(4) 建筑安装工程费。

(5) 配套设施费。

(6) 开发间接费。

其中配套设施费项目用以核算分配的其他配套设施费。因为要使这些设施投入运转，有时也需要其他配套设施为其提供服务，所以理应分配其服务的有关设施的开发成本。

对不能有偿转让、不能直接计入各成本核算对象的各种公共配套设施，如果工程规模较大，可以各配套设施作为成本核算对象。如果工程规模不大，与其他项目建设地点较近，开竣工时间相差不多，并由同一施工单位施工，也可以考虑将它们合并作为一个成本核算对象，于工程完工算出开发总成本后，按照各项目的预算成本或计划成本的比例，算出各配套设施的开发成本，再按一定标准，将各配套设施开发成本分配计入有关房屋等开发成本。至于这些配套设施的开发成本，在核算时一般可设置如下四个成本项目：

（1）土地征用及拆迁补偿费或批租地价。

（2）前期工程费。

（3）基础设施费。

（4）建筑安装工程费。

三、配套设施开发成本的核算

企业发生的各项配套设施支出，应在“开发成本——配套设施开发成本”账户进行核算，并按成本核算对象和成本项目进行明细分类核算。

已发生的土地征用及拆迁补偿费（或批租地价）、前期工程费、基础设施费、建筑安装工程费等支出，可直接记入配套设施开发成本明细分类账的相应成本项目，借记“开发成本——配套设施开发成本”科目，贷记“银行存款”“应付账款——应付工程款”等科目。

对能有偿转让大型配套设施分配的其他配套设施支出，应记入各大型配套设施开发成本明细分类账的配套设施费项目，并借记“开发成本——配套设施开发成本——××”科目，贷记“开发成本——配套设施开发成本——××”。

对能有偿转让大型配套设施分配的开发间接费用，应记入各配套设施开发成本明细分类账的“开发间接费用”项目，并借记“开发成本——配套设施开发成本”科目，贷记“开发间接费用”科目。

对配套设施与房屋等开发产品不同步开发，或房屋等开发完成等待出售或出租，而配套设施尚未全部完成的，经批准后可按配套设施的预算成本或计划成本，预提配套设施费，将它记入房屋开发成本明细分类账的配套设施费项目，借记“开发成本——房屋开发成本”科目，贷记“应付账款”科目。因为一个开发小区的开发，时间较长，有的需要几年，开发企业在开发进度安排上，有时先建房屋，后建配套设施。这样，往往出现房屋已经建成而有的配套设施可能尚未完成，或者是商品房已经销售，而幼儿园、消防设施等尚未完工的情况。这种房屋开发与配套设施建设的时间差，使得那些已具备使用条件并已出售的房屋应负担的配套设施费，无法按配套设施的实际开发成本进行结转和分配，只能以未完成配套设施的预算成本或计划成本为基数，计算出已出售房屋应负担的数额，用预提方式计入出售房屋等的开发成本。开发产品预提的配套设施费的计算，一般可按以下公式进行计算：

某项开发产品预提的配套设施费＝该项开发产品预算成本（或计划成本）×配套设施费预提率

配套设施费预提率＝[该配套设施的预算成本（或计划成本）÷应负担该配套设施费的开发产品的预算成本（或计划成本）合计]×100%

式中“应负担该配套设施费的开发产品”一般为应能有偿转让的在开发小区内开发的大型配套设施。

【例5－7】某开发小区内幼儿园的开发成本应由201商品房、202商品房、305出租房、280周转房和290大型配套设施——商店负担。由于幼儿园在商品房等完工出售、出租时尚未完工，为了及时结转完工的商品房等成本，应先将幼儿园的配套费预提计入商品房等的开发成本。假定各项开发产品和幼儿园的预算成本如下：

201 商品房	1 000 000 元
202 商品房	900 000 元
305 出租房	800 000 元
280 周转房	800 000 元
290 大型配套设施——商店	500 000 元
291 幼儿园	320 000 元

则：

幼儿园设施的配套设施费预提率

=320 000 ÷（1 000 000 +900 000 +800 000 +800 000 +500 000）× 100%

=（320 000 ÷4 000 000）×100%

=8%

各项开发产品预提幼儿园的配套设施费为：

201 商品房：1 000 000 ×8% =80 000（元）

202 商品房：900 000 ×8% =72 000（元）

305 出租房：800 000 ×8% =64 000（元）

280 周转房：800 000 ×8% =64 000（元）

290 大型配套设施——商店：500 000 ×8% =40 000（元）

按预提率计算各项开发产品的配套设施费时，其与实际支出数的差额，应在配套设施完工时，按预提数的比例，调整增加或减少有关开发产品的成本。

现举例说明配套设施开发成本的核算。

【例5 -8】某房地产开发企业根据建设规划要求，在开发小区内负责建设一间超级市场和一座水塔、一所幼儿园。上述设施均发包给施工企业施工，其中超市建成后，有偿转让给商业部门。水塔和幼儿园的开发支出按规定计入有关开发产品的成本。水塔与商品房等同步开发，幼儿园与商品房等不同步开发，其支出经批准采用预提办法。上述各配套设施共发生了下列有关支出（单位：元）：

	210 超市	232 水塔	261 幼儿园
支付征地拆迁费	50 000	5 000	50 000
支付承包设计单位前期工程款	30 000	20 000	30 000
应付承包施工企业基础设施工程款	50 000	30 000	50 000

应付承包施工企业建筑安装工程款	200 000	245 000	190 000
分配水塔配套设施费	35 000		
分配开发间接费用	55 000		
预提幼儿园配套设施费	40 000		

①用银行存款支付征地拆迁费时，作会计分录如下：

借：开发成本——配套设施开发成本　　105 000

　　贷：银行存款　　105 000

②用银行存款支付设计单位前期工程款时，作会计分录如下：

借：开发成本——配套设施开发成本　　80 000

　　贷：银行存款　　80 000

③提取应付施工企业基础设施工程款和建筑安装工程款时，作会计分录如下：

借：开发成本——配套设施开发成本　　765 000

　　贷：应付账款——应付工程款　　765 000

④分配应计入超市配套设施开发成本的水塔设施支出时，作会计分录如下：

借：开发成本——配套设施开发成本——超市　　35 000

　　贷：开发成本——配套设施开发成本——水塔　　35 000

⑤分配应计入商店配套设施开发成本的开发间接费用时，作会计分录如下：

借：开发成本——配套设施开发成本——超市　　55 000

　　贷：开发间接费用　　55 000

⑥预提应由超市开发成本负担的幼儿园设施支出时，作会计分录如下：

借：开发成本——配套设施开发成本——幼儿园　　40 000

贷：应付账款——预提配套设施费　　　　　　　　　　40 000

同时应将各项配套设施支出分别记入各配套设施开发成本明细分类账，现列示配套设施开发成本明细分类账——超市，如表 5－5 所示。

表 5－5　配套设施开发成本明细分类账

项目编号名称：210 超市　　　　　　　　　　　　　　单位：元

2015 年		凭证号数	摘要	借方金额	贷方金额	方向	余额	明细科目借方发生额					
月	日							土地征用及拆迁补偿费	前期工程费	基础设施费	建筑安装工程费	配套设施费	开发间接费用
2	39		本年累计	330 000		借	330 000	50 000	30 000	50 000	200 000		
3	31		分配水塔设施费	35 000		借						35 000	
	31		分配开发间接费	55 000		借							55 000
	31		预提幼儿园设施费	40 000		借	460 000					40 000	

四、已完配套设施开发成本的结转

已完成全部开发工程并经验收的配套设施，应按其不同情况和用途结转其开发成本。

（1）对能有偿转让的大型配套设施（如超市），应在完工验收后将其实际成本自“开发成本——配套设施开发成本”账户的贷方转入“开发产品——配套设施”账户的借方，作会计分录如下：

借：开发产品——配套设施　　　　　　　　　　460 000

　　贷：开发成本——配套设施成本　　　　　　　　　　460 000

配套设施有偿转让收入，应作为主营业务收入处理。

（2）按规定应将其开发成本分配计入商品房等开发产品成本的公共配套设施（如水塔），在完工验收后，应将其发生的实际开发成本按一定的标准（有关开发产品的实际成本、预算成本或计划成本），分配计入有关房屋和大型配套设施的开发成本，作会计分录如下：

借：开发成本——房屋成本　　265 000

　　　　　——配套设施成本　　35 000

　贷：开发成本——配套设施成本　　300 000

（3）对用预提方式将配套设施支出计入有关开发产品成本的公共配套设施（如幼儿园），应在完工验收后，将其实际发生的开发成本冲减预提的配套设施费，作会计分录如下：

借：应付账款——预提配套设施费　　320 000

　贷：开发成本——配套设施成本　　320 000

如果预提配套设施费大于或小于实际开发成本，可将其多提数或少提数冲减有关开发产品成本或作追加的分配。如有关开发产品已完工并办理竣工决算，可将其差额冲减，或追加分配于尚未办理竣工决算的开发产品的成本之中。

第六章

开发产品销售、转让、出租的核算

第一节　开发产品销售和转让的核算

一、开发产品开发完成的核算

1. 开发产品完成的概念

房地产开发企业开发产品的完成，是指企业已完成经营开发的过程，其产品经验收合格，合乎设计标准，可以交付使用。企业开发完成的产品，包括商品性土地、商品房、出租房、周转房、配套设施、代建工程，以及开发完成后，尚未投入使用的自用土地等。

2. 开发产品完成的账务结转

开发经营企业的开发产品完成后，在会计核算上就要进行成本结转，将开发完成产品的成本，从“开发成本”账户转入“开发产品”账户。在“开发产品”账户中分别设置“商品性土地”“商品房”“周转房”“配套设施”“代建工程”“自用土地”等二级账户，并按各成本核算对象设置账页或卡片，进行明细分类核算。

（1）对开发完成的商品性土地、商品房，以及能有偿转让的大型配套设施、代建工程等，应于验收合格后，按实际成本作会计分录如下：

借：开发产品——商品土地

　　　　　　——商品房

　　　　　　——配套设施

　　　　　　——代建工程

贷：开发成本——商品性土地开发成本

——房屋开发成本

——配套设施开发成本

——代建工程开发成本

（2）对开发的自用土地，应记入“无形资产”科目。如果近期企业不用或另有用途，也应将其实际开发成本结转到“开发产品——自用土地”账户的借方。作会计分录如下：

借：开发产品——自用土地

贷：开发成本——自用土地开发成本

（3）开发完成的房屋，如在完工时尚未确定其具体用途，则应一律视同商品房，按其实际成本借记“开发产品——商品房”科目，贷记“开发成本——房屋开发成本”科目；待确定用途后，再将其实际开发成本从“开发产品——商品房账户”的贷方转入“投资性房地产”或“周转房”等账户的借方。

二、企业开发产品销售、转让的核算

企业开发完成的产品，主要用途有以下几个方面：对外销售；有偿转让或移交；对外出租；交本企业经营使用。

1. 房屋销售的核算

企业开发完成的房屋，在竣工验收取得验收合格证书并办理登记手续后，即可进行出售。房屋可以整幢出售，也可以分套出售。整幢房屋分套出售前，企业应明确各套房屋的建筑面积及相应的土地使用权比例。房屋出售的价格，可由买卖双方确定，但必须将出售价格报当地房产管理机关备案。房屋买卖双方达成协议后，应签订房屋买卖合同。

整幢房屋分套出售时，应以建筑面积作为计算房屋价格的基本单位。各套房屋的建筑面积，除了各套自用建筑面积外，还要合理分摊公用建筑面积。

各套房屋的自用建筑面积，包括各套房屋内的起居室（厅）、卧室、办公室、厨房、卫生间、储藏室、过道和阳台等的面积。各套房屋的公用建筑面积，包括公共使用的门厅、楼梯、电梯井（厅）、公共通道、垃圾管道以及突出屋面的有围护结构的楼梯间、水箱间、电梯机房等的面积。

分套出售房屋分摊的公用建筑面积，应以该套房屋的自用建筑面积占该幢总自用建筑面积的百分比进行分摊。分套出售房屋建筑面积的计算，可按以下公式进行：

某套出售房屋建筑面积＝该套房屋的自用建筑面积×（1＋各套房屋自用建筑面积应分摊的公用建筑面积的分摊率）

各套房屋自用建筑面积应分摊的公用建筑面积的分摊率＝该幢房屋公用建筑面积÷该幢房屋自用建筑面积总和×100%

【例6－1】某幢出售房屋的建筑面积共为5 000平方米，其中各套房屋自用建筑面积总和为4 000平方米，公用建筑面积为1 000平方米。则：

各套房屋自用建筑面积应分摊的公用建筑面积的分摊率＝1 000÷5 000×100%＝20%

【例6－2】沿用上例的数据，假如某套出售房屋的自用建筑面积为30平方米，则：

该套出售房屋建筑面积＝30×（1＋20%）＝36（平方米）

对外销售的房屋，应在移交商品房并将发票、账单提交给买主时，按其销售收入借记“银行存款”“应收账款”等科目，贷记“主营业务收入——商品房销售收入”科目。

月份终了，应按销售房屋的实际开发成本自“开发产品——商品房”账户的贷方结转至“主营业务成本——商品房销售成本”账户的借方，作会计分录如下：

借：主营业务成本——商品房销售成本

　　贷：开发产品——商品房

【例6-3】某房地产开发公司向李洋销售一套住房，自用面积为90平方米，假设公用面积分摊率为20%，商品房价款为7 000元/米^2，款项已收妥，则其账务处理如下：

①计算出售房屋的建筑面积：

出售房屋的建筑面积＝90×（1＋20%）＝108（平方米）

②计算应收的房价款：

房屋售价款＝108×7 000＝756 000（元）

③进行会计账务处理：

借：银行存款　　756 000

　　贷：主营业务收入——商品房销售收入　　756 000

2. 土地转让的核算

开发企业开发的商品性土地，可以将土地使用权进行转让，但在向其他单位转让时，必须按照法律和合同的规定，投入相当的资金，完成相应的开发。

土地使用权的转让，应签订转让合同，在合同中载明土地的位置、四周边界和面积、地上附着物、土地用途、建筑物高度、绿化面积、土地转让期限、土地转让金的支付方式和违约责任等。

土地转让的交易，可以采用协议、招标、拍卖等方式。土地转让的价格，根据地理位置、经济环境、土地用途、土地转让期限、房地产市场等因素决定，并报当地土地管理机关备案。

对其他单位转让的土地，应在移交、转让土地，并将发票、账单提交买主时，按其转让价格借记“银行存款”“应收账款”等科目，贷记

“主营业务收入——土地转让收入”科目。

月份终了，应将转让土地的实际开发成本自“开发产品——商品性土地”账户的贷方转入“主营业务成本”或“主营业务成本——土地转让成本”账户的借方，作会计分录如下：

借：主营业务成本——土地转让成本

　　贷：开发产品——商品性土地

3. 配套设施转让的核算

开发企业在房地产开发过程中，按照城市建设规划开发的大型配套设施如商店、邮局、银行储蓄所等，可以进行有偿转让。对有关单位有偿转让的配套设施，应在办理财产交接手续，并在将配套设施工程价款账单提交有关单位时，按其转让价格借记“银行存款”“应收账款”等科目，贷记“主营业务收入——配套设施销售收入”科目。

月份终了，应将转让配套设施的实际开发成本自“开发产品——配套设施”账户的贷方转入“主营业务成本——配套设施销售”成本账户的借方，作会计分录如下：

借：主营业务成本——配套设施销售成本

　　贷：开发产品——配套设施

开发企业如将开发的大型配套设施如商店用于本企业从事第三产业经营用房，应视同自用固定资产进行处理，并将用于经营的配套设施的实际开发成本，自“开发产品——配套设施”账户的贷方转入“固定资产”账户的借方，作会计分录如下：

借：固定资产

　　贷：开发产品——配套设施

4. 代建工程移交的核算

开发企业代委托单位开发的代建工程，应在工程竣工验收、办理财产交接手续，并将代建工程价款结算账单提交委托单位时，按其工程价款借记“银行存款”“应收账款”科目，贷记“主营业务收入——代建工程结算收入”科目。

月份终了，应将移交代建工程的实际开发成本自“开发产品——代建工程”账户的贷方转入“主营业务成本——代建工程结算成本”账户的借方，作会计分录如下：

借：主营业务成本——代建工程结算成本

　　贷：开发产品——代建工程

对于已经办理销售、转让和交付手续，而产权尚未移交出去的开发产品，如商品房、配套设施等，企业应设置代管房产备查簿，进行实物管理，但不得将这部分财产入账。企业在代管房产过程中取得的收入和发生的各项支出，应作其他业务收入和其他业务成本处理。

三、开发产品分期收款的核算

1. 开发产品分期收款的原则

房产土地开发企业开发的产品，如采用分期收款方式进行销售，应按销售合同或协议约定付款日确认收入的实现。付款方提前付款的，在实际付款日确认收入的实现。按照纳税申报的要求，作如下处理：

（1）当开发产品以分期收款方式销售，办妥分期付款销售合同、移交开发产品时，应将分期收款开发产品的实际开发成本，从“开发产品——商品房”“开发产品——商品性土地”等账户的贷方转入“分期收款开发产品”账户的借方，作会计分录如下：

借：分期收款开发产品

　　贷：开发产品——商品房

　　　　　　　　——商品性土地

同时应按销售对象设置明细分类账页、卡片或分期收款开发产品备查簿，详细记录分期收款开发产品的坐落地点、结构、层次、面积、售价、成本、分次收款时间、价款及已收取价款和尚未收取的价款等有关资料。

（2）企业按合同规定的期限分次收取销售价款（包括第一次收款）时，应借记“银行存款”等科目，贷记“主营业务收入——商品房销售收入”“主营业务收入——土地转让收入”等科目。

同时，应结转分期收款开发产品的销售成本，将它从“分期收款开发产品”账户的贷方转入“主营业务成本——商品房销售成本”“主营业务成本——土地转让成本”等账户的借方，作会计分录如下：

借：主营业务成本——商品房销售成本

——土地转让成本

贷：分期收款开发产品

（3）企业在核算分期收款开发产品时，要注意分期收款开发产品销售成本的结转时间和结转数额。

①分期收款开发产品销售成本的结转时间。根据会计配比原则，企业营业收入与其相对应的成本、费用应当相互配比，以便正确计算和考核企业的主营业务成本。因此，采用分期收款办法销售的开发产品，它的销售成本的结转，应与分期收款销售收入实现的时间相一致。分期收款开发产品的应收价款，应按合同规定的收款时间分次转作收入，它的销售成本也应于销售实现时分次进行结转。

②分期收款开发产品销售成本的结转数额。由于分期收款开发产品的销售收入是分次实现的，因此与销售收入相关联的销售成本也应分次结转。企业当期结转销售成本的数额，一般可根据当期收回的价款（即合同规定当期应收价款数额）占分期收款产品应收价款总额（即全部

售价）的比例计算。分期收款开发产品应结转销售成本的计算一般可按下列公式进行：

某项分期收款开发产品当期应结转销售成本数＝该项分期收款开发产品总成本×［该项分期收款开发产品当期收回（应收）价款÷该项分期收款开发产品应收价款总额］

（4）分期收款发出的开发产品已经交付，货款分期收回（通常超过3年），且延期收取的货款具有融资性质，其实质是企业向购货方提供免息的信贷时，企业应当按照应收的合同或协议价款的公允价值确定收入金额。

应收的合同或协议价款的公允价值，通常应当按照其未来现金流量的现值或商品现销价格计算确定。

应收的合同或协议价款与其公允价值之间的差额，应当在合同或协议期间内，按照应收款项的摊余成本和实际利率计算确定的金额进行摊销，冲减财务费用，将应收的合同或协议价款折现为商品现销价格时的折现率等。

应收的合同或协议价款与其公允价值之间的差额，按照实际利率法摊销与按照直线法摊销结果相差不大的，也可以采用直线法进行摊销。

2. 分期收款开发产品销售的核算

【例6－4】某房地产开发企业采用分期收款方式出售给元白化工厂二幢商品房，该商品房实际开发成本共计为350万元，现以价款500万元销售，双方签订的合同规定价款分三次支付：1月移交房屋时支付50%，计250万元；6月支付30%，计150万元；12月支付20%，计100万元。根据上述资料，企业应作如下会计分录入账：

①签订分期收款销售合同，将商品房销售给元白化工厂时，应将商

品房开发产品成本350万元转入“分期收款开发产品”科目：

借：分期收款开发产品　　3 500 000

　　贷：开发产品——商品房　　3 500 000

②在移交房屋，收到元白化工厂交来的250万元价款时，作会计分录如下：

借：银行存款　　2 500 000

　　贷：主营业务收入——商品房销售收入　　2 500 000

同时结转与上述商品房销售收入相关的销售成本175万元［3 500 000×（2 500 000÷5 000 000）］，作会计分录如下：

借：主营业务成本——商品房销售成本　　1 750 000

　　贷：分期收款开发产品　　1 750 000

③6月根据分期收款销售合同的规定，收取30%的价款，计150万元，作会计分录如下：

借：银行存款　　1 500 000

　　贷：主营业务收入——商品房销售收入　　1 500 000

同时结转与上述商品房销售收入相关的销售成本105万元［（3 500 000×（1 500 000÷5 000 000））］，作会计分录如下：

借：主营业务成本——商品房销售成本　　1 050 000

　　贷：分期收款开发产品　　1 050 000

④12月根据分期收款销售合同的规定，收取20%的价款，计100万元，作会计分录如下：

借：银行存款　　1 000 000

　　贷：主营业务收入——商品房销售收入　　1 000 000

同时结转与上述商品房销售收入相关的销售成本70万元［3 500 000×（1 000 000÷5 000 000）］，作会计分录如下：

借：主营业务成本——商品房销售成本　　　　700 000

　　贷：分期收款开发产品　　　　　　　　　　　700 000

四、开发产品销售收入确认原则

（1）采取一次性全额收款方式销售开发产品的，应于实际收讫价款或取得了索取价款的凭证（权利）时，确认收入的实现。

（2）采取分期付款方式销售开发产品的，应按销售合同或协议约定付款日确认收入的实现。付款方提前付款的，在实际付款日确认收入的实现。

（3）采取银行按揭方式销售开发产品的，其首付款应于实际收到日确认收入的实现，余款在银行按揭贷款办理转账之日确认收入的实现。

（4）采取委托方式销售开发产品的，应按以下原则确认收入的实现：

①采取支付手续费方式委托销售开发产品的，应按实际销售额，于收到代销单位代销清单时确认收入的实现。

②采取视同买断方式委托销售开发产品的，应按合同或协议规定的价格，于收到代销单位代销清单时确认收入的实现。

③采取包销方式委托销售开发产品的，应按包销合同或协议约定的价格于付款日确认收入的实现。包销方提前付款的，在实际付款日确认收入的实现。

④采取基价（保底价）并实行超过基价双方分成方式委托销售开发产品的，应按基价加按超过基价分成比例计算的价格，于收到代销单位代销清单时确认收入的实现。

（5）将开发产品先出租再出售的，应按以下原则确认收入的实现：

①将待售开发产品转作经营性资产，先以经营性租赁方式租出或以

融资租赁方式租出以后再出售的，租赁期间取得的价款应按租金确认收入的实现，出售时再按销售资产确认收入的实现。

②将待售开发产品以临时租赁方式租出的，租赁期间取得的价款应按租金确认收入的实现，出售时再按销售开发产品确认收入的实现。

（6）以非货币性资产分成形式取得收入的，应于分得开发产品时确认收入的实现。

五、开发产品预售收入确认原则

房地产开发企业采取预售方式销售开发产品的，其当期取得的预售收入先按规定的利润率计算出预计营业利润额，再并入当期应纳税所得额，统一计算缴纳企业所得税，待开发产品完工时再进行结算调整。

预计营业利润额 = 预售开发产品收入 × 利润率

预售开发产品完工后，企业应及时按照上述收入确认的原则计算已实现的销售收入，同时按规定结转其对应的销售成本，计算出已实现的利润（或亏损）额，经纳税调整后再计算出其与该项开发产品全部预计营业利润额之间的差额，再将此差额并入当期应纳税所得额。

六、视同销售行为收入确认原则

1. 视同销售的主要经济业务

（1）将开发产品转作经营性资产。

（2）将开发产品用作对外投资以及分配给股东或投资者。

（3）以开发产品抵偿债务。

（4）将开发产品用于本企业自用、捐赠、赞助、广告、样品、职工福利、奖励等。

（5）以开发产品换取其他企事业单位、个人的非货币资产。

2. 视同销售行为的收入确认时间

视同销售行为应于开发产品所有权或使用权转移，或于实际取得利益权利时确认收入的实现。

3. 视同销售行为收入确认的方法和顺序

（1）按本企业近期或本年度最近月份同类开发产品市场销售价格确定。

（2）由主管税务机关参照同类开发产品市场公允价值确定。

（3）按成本利润率确定，具体由主管税务机关确定。

第二节 周转房的核算

一、周转房使用的核算

房地产开发企业的周转房，是指企业用于安置被拆迁居民周转使用，产权归属企业所有的各种房屋。周转房包括：

（1）在开发过程中已明确其为安置被动拆迁居民使用的房屋。

（2）搭建用于安置拆迁居民周转使用的临时性简易房屋。

（3）开发的商品房在未销售前用于安置拆迁居民使用的房屋。

为了核算周转房的使用、摊销及其增减变动情况，企业应设置“周转房”账户，并在其下设置“在用周转房”和“周转房摊销”两个二级账户，用以核算在用周转房的开始成本及其损耗价值的摊销情况。同时应根据周转房的使用情况，按周转房的幢号（或楼层层次、房间号）进行明细分类核算；并建立周转房卡片，详细记录周转房的坐落地点、结构、层次、面积、租金单价、安置居民姓名等情况。

开发企业开发完成用于安置拆迁居民周转使用的周转房，应将其实际开发成本先从“开发成本——房屋开发成本”账户的贷方转入“开发产品”或“库存商品——周转房”账户的借方，作会计分录如下：

借：开发产品——周转房

贷：开发成本——房屋开发成本

在将周转房投入使用时，再从“开发产品——周转房”账户的贷方将其实际开发成本转入“周转房——在用周转房”账户的借方，作会计分录如下：

借：周转房——在用周转房

贷：开发产品——周转房

开发企业搭建用于安置拆迁居民周转使用的临时性简易房屋，亦应参照上述周转房进行核算。开发完成的商品房，在尚未销售以前，用于安置拆迁居民周转使用的，应于投入使用时，将其实际开发成本自“开发产品——商品房”账户的贷方转入“周转房——在用周转房”账户的借方，作会计分录如下：

借：周转房——在用周转房

贷：开发产品——商品房

二、周转房摊销的核算

周转房随着使用及自然力的侵蚀，会逐渐发生损耗而减少其价值。这部分损耗价值，应作为开发期间的费用，将它计入土地、房屋的开发成本。周转房的损耗价值的摊销，应根据周转房的结构、使用情况，分别采用平均年限摊销法和周转使用次数摊销法。对非临时性简易周转房，由于使用年限较长，应采用平均年限摊销法，按使用期限计提每月摊销额。对临时简易周转房，由于周转使用次数有限，一般可采用周转使用次数（安置拆迁居民的次数）摊销法，按预计周转使用次数计提每周转使用一次的摊销额。

采用平均年限摊销法计提周转房损耗价值时的月摊销率和月摊销额

的计算公式如下：

年摊销率 =（1 - 预计净残值率预计摊销年限）×100%

月摊销率 = 年摊销率 ÷12

月摊销额 = 出租房原值 × 月摊销率

采用周转使用次数摊销法计提周转房损耗价值时的每次摊销额的计算公式如下：

每次摊销额 =［周转房原值 ×（1 - 预计净残值率）］÷预计周转使用次数

式中周转房摊销年限可比照企业同类结构房屋的折旧年限预计。净残值率一般可按周转房原值的3% ~5%预计。

周转房损耗价值的摊销额，应在“周转房——周转房摊销”账户核算。每月或每次计提的周转房摊销额，对能确定其为某项土地或房屋开发项目负担的，应计入土地或房屋的开发成本，借记“开发成本——商品性土地开发成本”“开发成本——房屋开发成本”科目，贷记“周转房——周转房摊销”科目。对不能确定其为某项土地或房屋开发项目负担的周转房摊销额，应借记“开发间接费用”科目，贷记“周转房——周转房摊销”科目。

【例6 -5】某房地产开发公司有三幢周转房共计300万元，预计可使用8年，净残值率假定为3%，则：

①周转房的摊销额计算。

年摊销率 =［（1 -3%）÷8］×100% =12.13%

月摊销率 =12.13% ÷12 =1.01%

月摊销额 =3 000 000 ×1.01% =30 300（元）

②周转房摊销的账务处理。

摊销核算时作会计分录如下：

借：开发成本——房屋开发成本　　30 300

　　贷：周转房——周转房摊销　　30 300

若此例中周转房的摊销费用难以分清是开发房屋还是开发土地应负担的费用时，则作会计分录如下：

借：开发间接费用　　30 300

　　贷：周转房——周转房摊销　　30 300

三、周转房修理费用的核算

1. 日常修理的核算

开发企业的周转房在供拆迁居民使用过程中发生的修理费用，如属于经营性维修费用，可作为当期的开发成本，借记“开发成本——商品性土地开发成本”“开发成本——房屋开发成本”“开发间接费用”等科目，贷记“银行存款”科目，作会计分录如下：

借：开发成本——商品性土地开发成本

　　　　　　——房屋开发成本

　　开发间接费用

　　贷：银行存款

【例6-6】某房地产开发公司本月份发生周转房修理费用10 000元，用银行支票支付。若此周转房是用于开发性土地拆迁户住房，则作会计分录如下：

借：开发成本——商品性土地开发成本　　10 000

　　贷：银行存款　　10 000

2. 大修理核算

与固定资产有关的后续支出，同时符合以下两项确认条件。

（1）该固定资产有关的经济利益很可能流入企业。

（2）该固定资产的成本能够可靠地计量时，应当计入固定资产成本。

四、周转房改装、修复和扩建的核算

1. 周转房改装修复的核算

开发企业用以安置拆迁居民使用的周转房，如改变用途，将其作为商品房对外销售时，往往在售前要进行改装、修复，或根据购房单位的要求，对其进行改建或扩建。

周转房在出售以前进行改装、修复所发生的费用，应作为销售费用，记入“销售费用”账户的借方和“银行存款”“应付账款”等账户的贷方，作会计分录如下：

借：销售费用

　　贷：银行存款

　　　　应付账款

【例6－7】某房地产开发公司将原三幢周转房进行改装、修复，本月份领用原材料70 000元，发生人工费用11 000元，用现金支付民工费用6 000元，则会计分录如下：

借：销售费用	87 000	
贷：原材料		70 000
应付职工薪酬		11 000
库存现金		6 000

若由某施工队承包改装、修复工程，共计工程款27万元，工程验收完工，已由银行支付13万元，余款60天付清，则作会计分录如下：

借：销售费用	270 000	
贷：应付账款		140 000
银行存款		130 000

2. 周转房改建、扩建的核算

周转房在出售以前根据购房单位要求进行的改建、扩建工程，可考虑将其支出在“开发成本——周转房改扩建成本”账户进行核算，并按周转房改建、扩建工程项目设置周转房改扩建成本明细分类账进行明细分类核算。发生改建、扩建工程支出时，借记“开发成本——周转房改扩建成本”科目，贷记“银行存款”“应付账款”等科目。

周转房在改建、扩建过程中发生的残料等变价收入，应冲减周转房改扩建成本，借记“原材料”等科目，贷记“开发成本——周转房改扩建成本”科目。

周转房改建、扩建完成后，将改建、扩建过程中发生的支出减去变价收入后的净支出作为周转房价值处理，借记“周转房——在用周转房”科目，贷记“开发成本——周转房改扩建成本”科目。

周转房在改装、修复或根据购房单位要求改建、扩建后对外销售的，应在办理房屋交接、开出发票账单时，按其价款借记“银行存款”等科目，贷记“主营业务收入——商品房销售收入”科目。

同时应结转对外销售周转房的销售成本。在结转周转房销售成本时，应扣除周转房累计摊销额，按周转房账户在用周转房的原值减去周转房摊销累计摊销额后的净值，借记“主营业务成本——商品房销售成本”科目；同时要注销周转房的原值和累计摊销额，将周转房累计摊销额借记“周转房——周转房摊销”科目，按周转房原值贷记“周转房——在用周转房”科目，作会计分录如下：

借：主营业务成本——商品房销售成本

　　周转房——周转房摊销

　　贷：周转房——在用周转房

第三节　开发产品出租的核算

一、出租开发产品核算的要求

出租开发产品，是指开发企业将经营的房屋和土地用于出租。开发企业对于出租开发产品和有关出租经营业务的核算要求如下：

（1）作为出租经营用的房屋和土地，是企业资产的一部分，但不同于企业自用的房地产（固定资产），也不同于企业库存的房地产（开发产品），按照企业会计准则，应设置"投资性房地产"账户进行核算。

（2）对采用成本模式计量的出租经营用的房屋、土地，应按其使用年限核算折旧或摊销。

（3）如果企业组织专门的机构，如物业管理公司、劳动服务公司等从事出租房屋的经营业务，应按照所属公司的性质、经营特点和管理要求，确定其核算的方法。

二、出租开发产品投入经营的核算

开发企业用于出租经营的房屋和土地，均应通过"投资性房地产"账户进行核算，并根据房屋、土地出租经营的具体情况，按出租产品的类别进行明细分类核算，建立出租产品卡片，详细记录出租房屋、土地的坐落地点、结构、层次、面积、租金单价等情况。

企业用于出租经营的房屋和土地，应按其实际开发成本登记入账，进行账务处理。

（1）开发完成用于出租的出租房和商品性土地，其实际开发成本应先从“开发成本——房屋开发成本”“开发成本——商品性土地开发成本”账户的贷方转入“开发产品”账户的借方，作会计分录如下：

借：开发产品

贷：开发成本——房屋开发成本

——商品性土地开发成本

（2）开发完成用于出租的出租房和商品性土地，应于签订出租合同、协议，投入出租经营时，按其实际开发成本，从“开发产品”账户的贷方转入“投资性房地产”账户的借方，作会计分录如下：

借：投资性房地产

贷：开发产品

（3）开发完成的商品房和商品性土地，在尚未销售和转让以前，用于出租经营的，也应视同出租房屋和土地进行管理和核算，将其实际开发成本从“开发产品”账户的贷方转入“投资性房地产”账户的借方，作会计分录如下：

借：投资性房地产

贷：开发产品——商品房

——商品性土地

（4）出租房屋和土地的租金收入，应借记“银行存款”等科目，贷记“其他业务收入——出租产品租金收入”科目。

三、出租开发产品的后续支出核算

开发企业在房屋出租过程中发生的后续支出，如属于经营性维修费用，可作为出租房屋的当期经营支出，直接记入“其他业务成本”账户，作会计分录如下：

借：其他业务成本

　　贷：银行存款

如属于改良支出，应根据资本化原则，计入投资性房地产账面价值，先将投资性房地产转入在建工程：

借：在建工程

　　贷：投资性房地产

改良过程中领用的原材料和发生的人员工资：

借：在建工程

　　贷：应付职工薪酬

　　　　原材料

改良工程结束达到预定可使用状态时：

借：投资性房地产

　　贷：在建工程

投资性房地产后续支出是否资本化的原则是，是否使可能流入企业的经济利益超过了原先的估计，如超过了原先的估计，则后续支出应当进行资本化，其资本化后的金额，应当不超过该投资性房地产的可回收金额；否则，后续支出应当确认为当期费用。

四、出租开发产品的后续计量

按照企业会计准则，出租开发产品按照投资性房地产进行核算，其后续计量有两种模式：成本模式和公允价值模式。企业通常采用成本模式计量，若只有采用公允价值模式计量才能够提供更可靠、更相关的信息，且满足相关条件时，也可采用公允价值模式计量。

采用成本模式进行后续计量，对出租房屋，应当参照固定资产折旧计提的原则计提折旧，借记“其他业务成本”，贷记“投资性房地产累计折旧”。对出租的土地，应当参照无形资产进行摊销，摊销的金额，借记“其他业务成本”，贷记“投资性房地产累计摊销”。投资性房地产如发生减值迹象，还应按照资产减值相关准则计提减值准备，借记“资产减值损失——投资性房地产减值”，贷记“投资性房地产减值准备”。

采用公允价值模式计量，不对投资性房地产计提折旧或进行摊销，不计提减值准备，应当以资产负债表日投资性房地产公允价值为基础调整其账面价值，公允价值与原账面价值的差额计入当期损益。在资产负债表日，投资性房地产公允价值大于其原账面价值，借记“投资性房地产”科目，贷记“公允价值变动损益”科目；投资性房地产公允价值小于其原账面价值，借记“公允价值变动损益”科目，贷记“投资性房地产”科目。

五、出租开发产品转为销售或转让的核算

已出租经营的房屋和土地，如改变用途，将其销售或转让时，应区分成本模式计量和公允价值模式计量分别处理：

出售、转让按成本模式进行后续计量的投资性房地产时，应当按实际收到的金额，借记“银行存款”等科目，贷记“其他业务收入”科目；按该项投资性房地产的账面价值，借记“其他业务成本”科目，按其余额，贷记“投资性房地产”科目；按照已计提的折旧或摊销，借记“投资性房地产累计折旧（摊销）”科目；原已计提减值准备的，借记“投资性房地产减值准备”科目。

出售、转让采用公允价值模式计量投资性房地产，应当按实际收到的金额，借记“银行存款”等科目，贷记“其他业务收入”科目；按该项投资性房地产的账面余额，借记“其他业务成本”科目，按其成本，贷记“投资性房地产——成本”科目，按其累计公允价值变动，贷记或借记“投资性房地产——公允价值变动”科目。同时，将投资性房地产累计公允价值变动转入其他业务收入，借记或贷记“公允价值变动”科目，贷记或借记“其他业务收入”科目。若存在原转换日计入资本公积的金额，则也需一并转入其他业务收入，借记“资本公积——其他资本公积”科目，贷记“其他业务收入”科目。

第四节 存货跌价准备的核算

一、存货跌价准备的含义

房地产企业开发产品的跌价准备，是指按存货成本与可变现净值孰低的计价原则，若期末开发产品的可变现净值低于成本时，则必须在当期确认存货跌价准备，并进行相关的账务处理。

按照现行企业会计制度的规定，企业在年终对在建开发产品和已完工开发产品进行清查时，如发现其可变现净值低于开发成本时，应当提取开发产品跌价准备。

二、开发产品跌价准备的账务处理

开发产品跌价准备，一般应按单个开发项目的可变现净值低于其开发成本的差额提取。开发产品可变现净值，是指企业在正常开发经营过程中，开发产品估计售价减去销售转让过程所需税费后的余值，其计算公式为：

应提取开发产品跌价准备＝开发产品开发成本－（开发产品估计售价－销售税费）

在计算开发产品应提取跌价准备时，对在建开发产品的开发成本，应根据已发生的开发成本，加上使其开发完成所需的后续成本，将它调整为已完工开发产品的成本，因为对在建开发产品的售价，是很难估计的。

在估计开发产品售价时，除了考虑地区同类房地产的售价外，还要考虑诸如开发房屋的质量、房型、配套设施，以及周边环境、土地批租年限、房屋空置自然损耗等因素。

当开发产品存在下列情况之一时，应当计提跌价准备：

（1）地区房地产市场价格持续下跌，并且在可预见的未来无回升的希望。

（2）开发土地属于今后城市公共设施用地范围，预计未来将被征用。

（3）在建开发房屋已停工烂尾多年，企业已无后续资金，即使借款开发，也难收回投入资金。

（4）开发房屋质量、房型不好，配套设施不全，所在地区环境不好。

（5）开发房屋已空置多年，周边地区房产已经滞销，难以按成本价销售。

（6）其他应当计提跌价准备的情况。

企业提取的开发产品跌价准备，与提取的材料、设备跌价准备一样，在“存货跌价准备”账户进行核算。期末对计算出开发产品可变现净值低于开发成本的差额，应借记“资产减值损失”科目，贷记“存货跌价准备”科目。

如已提跌价准备的开发产品价值以后又得以恢复，应按恢复增加的数额（其增加的数额应以补足以前入账的减少数为限），借记“存货跌价准备”科目，贷记“资产减值损失”科目。

对已提跌价准备的开发产品，在销售、转让后结转主营业务成本时，应按其开发成本减去已提跌价准备后的数额，借记“主营业务成本”科目，按已提跌价准备借记“存货跌价准备”科目，按开发产品开发成本贷记“开发产品”科目。

第七章

投资性房地产

第一节 投资性房地产的概念与确认

一、投资性房地产的范围

投资性房地产主要包括已出租的土地使用权、持有并准备增值后转让的土地使用权、已出租的建筑物。

（1）已出租的土地使用权和已出租的建筑物，是指以经营租赁方式出租的土地使用权和建筑物。其中，用于出租的土地使用权是指企业通过出让或转让方式取得的土地使用权；用于出租的建筑物是指企业拥有产权的建筑物。

（2）持有并准备增值后转让的土地使用权，是指企业取得的、准备增值后转让的土地使用权。

按照国家有关规定认定的闲置土地，不属于持有并准备增值后转让的土地使用权。

（3）某项房地产，部分用于赚取租金或资本增值、部分用于生产商品、提供劳务或经营管理，能够单独计量和出售的、用于赚取租金或资本增值的部分，应当确认为投资性房地产；不能够单独计量和出售的、用于赚取租金或资本增值的部分，不确认为投资性房地产。

（4）企业将建筑物出租，按租赁协议向承租人提供的相关辅助服务，在整个协议中不重大的，如企业将办公楼出租并向承租人提供保安、维修等辅助服务，应当将该建筑物确认为投资性房地产。

企业拥有并自行经营的旅馆饭店，其经营目的主要是通过提供客房服务赚取服务收入，该旅馆饭店不确认为投资性房地产。

第二节　取得投资性房地产的会计核算

总体而言，投资性房地产应当按照取得的总成本进行初始计量，但根据取得方式的不同，其成本的计算有各自的特点，以下以外购、自行建造的投资性房地产的初始计量予以具体说明。

一、外购的投资性房地产

对于企业外购的房地产，只有在购入房地产的同时开始对外出租（自租赁期开始日起，下同）或用于资本增值，才能称之为外购的投资性房地产。外购投资性房地产的成本，包括购买价款、相关税费和可直接归属于该资产的其他支出。

企业购入房地产，自用一段时间之后再改为出租或用于资本增值的，应当先将外购的房地产确认为固定资产或无形资产，自租赁期开始日或用于资本增值之日起，再从固定资产或无形资产转换为投资性房地产。

二、自行建造的投资性房地产

企业自行建造的房地产，只有在自行建造或开发活动完成（即达到预定可使用状态）的同时开始对外出租或用于资本增值，才能将自行建造的房地产确认为投资性房地产。自行建造投资性房地产的成本，由建造该项房地产达到预定可使用状态前发生的必要支出构成。

企业自行建造房地产达到预定可使用状态后一段时间才对外出租或用于资本增值的，应当先将自行建造的房地产确认为固定资产、无形资产或存货，自租赁期开始日或用于资本增值之日起，从固定资产、无形资产或存货转换为投资性房地产。

第三节 投资性房地产的转换

一、房地产转换的概念

房地产的转换，并非是指两个所有权人之间的房产置换，其实质是因为房地产用途发生改变，而在会计处理上，由投资性房地产转换为其他资产，或者由其他资产转换为投资性房地产。

二、房地产的转换形式及转换日

房地产的转换形式主要有以下几种，其相应的转换日也要根据具体的情况予以确定：

（1）投资性房地产开始自用。即将投资性房地产转为自用房地产。在此种情况下，转换日为房地产达到自用状态，企业开始将其用于生产商品、提供劳务或者经营管理的用途。

（2）作为存货的房地产改为出租。通常指房地产开发企业将其持有的开发产品以经营租赁的方式出租，存货相应地转换为投资性房地产。在此种情况下，转换日为房地产的租赁期开始日。租赁期开始日，是指承租人有权行使其使用租赁资产权利的日期。

（3）自用建筑物或土地使用权停止自用改为出租。即企业将原本用于生产商品、提劳务或者经营管理的房地产改用于出租，固定资产或土地使用权相应地转换为投资性房地产。在此种情况下，转换日为凭期开始日。

（4）自用土地使用权停止自用改用于资本增值。即企业将原本用于生产商品、提供劳务或者经营管理的土地使用权改用于资本增值，将土地使用权相应地转换为投资性房地产。在此种情况下，转换日为自用土地使用权停止自用后，确定用于资本增值的日期。

三、房地产转换的会计处理

1. 采用成本模式计量的投资性房地产转为自用房地产

企业将采用成本模式计量的投资性房地产转为自用房地产时，应当按该项投资性房地产在转换日的账面余额、累计折旧、减值准备等，分别转入“固定资产”“累计折旧”“固定资产减值准备”等科目。按其账面余额，借记“固定资产”或“无形资产”科目，贷记“投资性房地产”科目。按已计提的折旧或摊销，借记“投资性房地产累计折旧（摊销）”科目，贷记“累计折旧”或“累计摊销”科目。原已计提减值准备的，借记“投资性房地产减值准备”科目，贷记“固定资产减值准备”或“无形资产减值准备”科目。

【例7-1】朝雅房地产开发公司拥有一座独立的厂房出租给另一家企业使用。在会计处理上一直采用成本模式计量，截至2015年7月31日，账面价值为675 000元，其中，原价值为750 000元，累计已提折旧75 000元。

2015年7月末，朝雅房地产开发公司将出租在外的厂房收回，从8月1日开始供本公司的生产车间使用，该厂房相应由投资性房地产转换为自用房地产。朝雅房地产开发公司2015年8月1日的账务处理如下：

借：固定资产　　750 000

投资性房地产累计折旧　　75 000

贷：投资性房地产——××厂房　　750 000

累计折旧　　75 000

2. 作为存货的房地产转换为采用成本模式计量的投资性房地产

企业将作为存货的房地产转换为采用成本模式计量的投资性房地产时，应当按该项存货在转换日的账面价值，借记“投资性房地产”科目；原已计提跌价准备的，借记“存货跌价准备”科目，按其账面余额，贷记“开发产品”等科目。

【例7-2】朝雅房地产开发公司是从事房地产开发业务的企业，2015年3月10日，朝雅房地产开发公司与另一家公司签署了租赁协议，将其开发的一栋写字楼整体出租给另一家公司使用，租赁期开始日为2015年4月15日。2015年4月15日，该写字楼的账面余额为5 000 000元，未计提存货跌价准备，转换后采用成本模式计量。

朝雅房地产开发公司2015年4月15日的账务处理如下：

借：投资性房地产——××写字楼　　5 000 000

贷：开发产品　　5 000 000

3. 自用土地使用权或建筑物转换为以成本模式计量的投资性房地产

企业将自用土地使用权或建筑物转换为以成本模式计量的投资性房地产时，应当按该项土地使用权或建筑物在转换日的原价、累计折旧、减值准备等，分别转入“投资性房地产”“投资性房地产累计折旧（摊销）”“投资性房地产减值准备”科目。按其账面余额，借记“投资性房地产”科目，贷记“固定资产”或“无形资产”科目；按已计提的折旧或摊销，借记“累计折旧”或“累计摊销”科目，贷记“投资性房地产累计折旧（摊销）”科目；原已计提减值准备的，借记“固定资产减值准备”或“无形资产减值准备”科目，贷记“投资性房地产减值准备”科目。

【例7－3】朝雅房地产开发公司拥有一栋写字楼，2015年之前一直用于本公司的办公使用。在本公司于其他地方购置了新办公用楼之后，朝雅房地产开发公司于2015年3月10日，与另一家企业签订了办公楼的经营租赁协议，将这栋办公楼整体出租给另一家公司使用，租赁期为5年，起租日为2015年4月10日。

由于朝雅房地产开发公司所在城市缺乏活跃的房地产交易市场，该公司决定将该房产由固定资产转换为以成本模式核算的投资性房地产。2015年4月10日，这栋办公楼的账面余额为750 000元，已计提折旧1 500 000元。假设朝雅房地产开发公司所在城市没有活跃的房地产交易市场。

朝雅房地产开发公司2015年4月10日的账务处理如下：

借：投资性房地产——××写字楼	750 000	
累计折旧	1 500 000	
贷：固定资产		750 000
投资性房地产累计折旧		1 500 000

4. 采用公允价值模式计量的投资性房地产转为自用房地产

企业将采用公允价值模式计量的投资性房地产转换为自用房地产时，应当以其转换当日的公允价值作为自用房地产的账面价值，公允价值与原账面价值的差额计入当期损益。转换日，按该项投资性房地产的公允价值，借记“固定资产”或“无形资产”科目；按该项投资性房地产的成本，贷记“投资性房地产——成本”科目，按该项投资性房地产的累计公允价值变动，贷记或借记“投资性房地产——公允价值变动”科目，按其差额，贷记或借记“公允价值变动损益”科目。

【例7-4】2015年10月15日，朝雅房地产开发公司因租赁期满，将出租的写字楼收回，准备作为办公楼用于本企业的行政管理。该项房地产在转换前采用公允价值模式计量，原账面价值为8 750 000元。其中，成本为7 500 000元，公允价值变动为增值1 250 000元。

2015年12月1日，该写字楼正式开始自用，相应由投资性房地产转换为自用房地产，当日的公允价值为9 000 000元。朝雅房地产开发公司的账务处理如下：

借：固定资产　　9 000 000

　贷：投资性房地产——写字楼（成本）　　7 500 000

　　　　——写字楼（公允价值变动）

　　　　1 250 000

　　公允价值变动损益　　250 000

5. 作为存货的房地产转换为采用公允价值模式计量的投资性房地产

企业将作为存货的房地产转换为采用公允价值模式计量的投资性房地产时，应当按该项房地产在转换日的公允价值，借记“投资性房地产——成本”科目。原已计提跌价准备的，借记“存货跌价准备”科目，按其账面余额，贷记“开发产品”等科目。同时，转换日的公允价值小于账面价值的，按其差额，借记“公允价值变动损益”科目；转换日的公允价值大于账面价值的，按其差额，贷记“资本公积——其他资本公积”科目。待该项投资性房地产处置时，因转换计入资本公积的部分应转入当期的其他业务收入，借记“资本公积——其他资本公积”科目，贷记“其他业务收入”科目。

【例7-5】朝雅房地产开发公司是从事房地产开发业务的企业，

2015年3月10日，朝雅房地产开发公司与另一家公司签订了租赁协议，将其开发的一栋写字楼整体出租给另一家公司使用，租赁期开始日为2015年4月15日。2015年4月15日，该写字楼的账面余额为5 000 000元，未计提存货跌价准备，假设转换后采用公允价值模式计量，4月15日该写字楼的公允价值为4 500 000元，2015年12月31日该项投资性房地产的公允价值为6 000 000元。2016年4月租赁期届满，朝雅房地产开发公司收回该项投资性房地产，并于2016年6月以8 000 000元出售，出售款项已收讫。

朝雅房地产开发公司的账务处理如下：

（1）2015年4月15日：

借：投资性房地产——××写字楼（成本）　　4 500 000

　　公允价值变动损益　　500 000

　　贷：开发产品　　5 000 000

（2）2015年12月31日：

借：投资性房地产——××写字楼（公允价值变动）

　　1 500 000

　　贷：公允价值变动损益　　1 500 000

（3）2016年6月，出售时：

借：银行存款　　8 000 000

　　贷：其他业务收入　　8 000 000

借：其他业务成本　　6 000 000

　　贷：投资性房地——××写字楼（成本）　　4 500 000

　　　　——××写字楼（公允价值变动）

　　1 500 000

同时，将投资性房地产累计公允价值变动转入其他业务收入。

公允价值变动增值 = 公允价值变动增值 − 公允价值变动减值 = 1 500 000 − 500 000 = 1 000 000（元）

借：公允价值变动损益　　　　　　　　　　1 000 000

　　贷：其他业务收入　　　　　　　　　　　　1 000 000

6. 自用土地使用权或建筑物转换为采用公允价值模式计量的投资性房地产

企业将自用土地使用权或建筑物转换为采用公允价值模式计量的投资性房地产时，应当按该项土地使用权或建筑物在转换日的公允价值，借记“投资性房地产——成本”科目，按其账面余额，贷记“固定资产”或“无形资产”科目。按已计提的累计摊销或累计折旧，借记“累计摊销”或“累计折旧”科目，原已计提减值准备的，借记“无形资产减值准备”“固定资产减值准备”科目。同时，转换日的公允价值小于账面价值的，按其差额，借记“公允价值变动损益”科目。转换日的公允价值大于账面价值的，按其差额，贷记“资本公积——其他资本公积”科目。待该项投资性房地产处置时，因转换计入资本公积的部分应转入当期的其他业务收入，借记“资本公积——其他资本公积”贷记“其他业务收入”科目。

【例 7－6】2015 年 6 月，朝雅房地产开发公司打算搬迁至新建办公楼，由于原办公楼处于商业繁华地段，朝雅房地产开发公司准备将其出租，以赚取租金收入。2015 年 10 月，朝雅房地产开发公司完成了搬迁工作，原办公楼停止自用。

2015 年 12 月，朝雅房地产开发公司与另一家公司签署了租赁协议，将其原办公楼停止使用，租赁期开始日为 2016 年 1 月 1 日，租赁期限为 3 年。朝雅房地产开发公司应当于租赁期开始日（2016 年 1 月 1 日），将自用房地产转换为投资性房地产。由于该办公楼处于繁华商业区，房地产交易活跃，该企业能够从市场上取得同类或类似房地产的市场价格及其他相关信息，假设朝雅房地产开发公司对出租的办公楼采用公允价值模式作为投资性房地产进行会计核算。

朝雅房地产开发公司 2016 年 1 月 1 日，该办公楼的公允价值为 6 500 000元，其原价为 7 500 000 元，已计提折旧 7 500 000 元。

朝雅房地产开发公司 2016 年 1 月 1 日的账务处理如下：

借：投资性房地产——××办公楼（成本）　　6 500 000

　　公允价值变动损益　　250 000

　　累计折旧　　750 000

　　贷：固定资产　　7 500 000

第四节　投资性房地产的处置

当投资性房地产被处置，或者永久退出使用且预计不能从其处置中取得经济利益时，应当终止确认该项投资性房地产。企业出售、转让、报废投资性房地产或者发生投资性房地产毁损，将实际收到的处置收入计入其他业务收入，所处置投资性房地产的账面价值计入其他业务成本，这样就相当于将处置收入与其账面价值、相关税费后的差额计入了当期损益。

一、成本模式计量的投资性房地产

如果投资性房地产采用成本模式进行核算，在对其进行处置时，应当按实际收到的金额，借记“银行存款”等科目，贷记“其他业务收入”科目；按该项投资性房地产的累计折旧或累计摊销，借记“投资性房地产累计折旧（摊销）”科目，按该项投资性房地产的账面余额，贷记“投资性房地产”科目，按其差额，借记“其他业务成本”科目。已计提减值准备的，还应同时结转减值准备。

【例7－7】朝雅房地产开发公司拥有一栋用于出租的办公用房，一直采用成本模式将其作为投资性房地产进行会计核算。2015年6月，朝雅房地产开发公司将该栋写字楼出售给意远公司，合同价款为2 500 000元，意远公司已用银行存款付清。出售时，该栋写字楼的成本为1 400 000元，已计提折旧300 000元。朝雅房地产开发公司的账务处理如下：

借：银行存款　　2 500 000

　　贷：其他业务收入　　2 500 000

借：其他业务成本　　1 100 000

　　投资性房地产累计折旧　　300 000

　　贷：投资性房地产——××写字楼　　1 400 000

二、公允价值模式计量的投资性房地产

如果投资性房地产采用公允价值模式进行核算，在对其进行处置时，应按实际收到的金额，借记“银行存款”等科目，贷记“其他业务收入”科目。按该项投资性房地产的账面余额，借记“其他业务成本”科目，贷记“投资性房地产——成本”科目、贷记或借记“投资性房地产——公允价值变动”科目。同时，按该项投资性房地产的公允价值变动，借记或贷记“公允价值变动损益”科目，贷记或借记“其他业务收入”科目。按该项投资性房地产在转换日计入资本公积的金额，借记“资本公积——其他资本公积”科目，贷记“其他业务收入”科目。

【例7-8】朝雅房地产开发公司拥有一栋用于出租的办公用房，一直采用公允价值模式将其作为投资性房地产进行会计核算。2015年6月，北方房地产开发公司将该栋写字楼出售给意远公司，合同价款为2 500 000元，意远公司已用银行存款付清。出售时，该栋写字楼的成本为1 400 000元，公允价值变动为借方余额200 000元。朝雅房地产开发公司的账务处理如下。

（1）出售房屋时：

借：银行存款　　2 500 000

　贷：其他业务收入　　2 500 000

借：其他业务成本　　1 600 000

　贷：投资性房地产——××写字楼（成本）　　1 400 000

　　　　——××写字楼（公允价值变动）　　200 000

（2）同时，将投资性房地产累计公允价值变动转入其他业务收入：

借：公允价值变动损益　　200 000

　贷：其他业务收入　　200 000

第五节　投资性房地产的后续计量

投资性房地产的后续计量包括成本和公允价值两种模式，通常应当采用成本模式计量，满足特定条件时可以采用公允价值模式计量。但是，同一企业只能采用一种模式对所有投资性房地产进行后续计量，不得同时采用两种计量模式。

一、采用成本模式进行后续计量的投资性房地产

企业通常应当采用成本模式对投资性房地产进行后续计量。采用成本模式进行后续计量的投资性房地产，应当遵循以下会计处理：

（1）外购投资性房地产或自行建造的投资性房地产达到预定可使用状态时，按照其实际成本，借记“投资性房地产”科目，贷记“银行存款”“在建工程”等科目。

（2）按照固定资产或无形资产的有关规定，按期（月）计提折旧或进行摊销，借记“其他业务成本”等科目，贷记“投资性房地产累计折旧（摊销）”科目。

（3）取得的租金收入，借记“银行存款”等科目，贷记“其他业务收入”等科目。

（4）投资性房地产存在减值迹象的，应当适用资产减值的有关规定。经减值测试后确定发生减值的，应当计提减值准备，借记“资产减值损失”科目，贷记“投资性房地产减值准备”科目。

二、采用公允价值模式进行后续计量的投资性房地产

1. 采用公允价值模式的前提条件

企业只有存在确凿证据表明投资性房地产的公允价值能够持续可靠地取得，才可以采用公允价值模式对投资性房地产进行后续计量。企业一旦选择采用公允价值计量模式，就应当对其所有投资性房地产均采用公允价值模式进行后续计量。采用公允价值模式进行后续计量的投资性房地产，应当同时满足下列条件：

（1）投资性房地产所在地有活跃的房地产交易市场。

所在地，通常是指投资性房地产所在的城市。对于大中城市，应当为投资性房地产所在的城区。

（2）企业能够从活跃的房地产交易市场上取得同类或类似房地产的市场价格及其他相关信息，从而对投资性房地产的公允价值作出合理的估计。

同类或类似的房地产，对建筑物而言，是指所处地理位置和地理环境相同、性质相同、结构类型相同或相近、新旧程度相同或相近、可使用状况相同或相近的建筑物；对土地使用权而言，是指同一城区、同一位置区域、所处地理环境相同或相近、可使用状况相同或相近的土地。

（二）采用公允价值模式进行后续计量的会计处理

采用公允价值模式进行后续计量的投资性房地产，应当遵循以下会计处理：

（1）按取得的成本确认投资性房地产价值。

外购投资资性房地产或自行建造的投资性房地产达到预定可使用状态时，按照其实际成本，借记“投资性房地产——成本”科目，贷记“银行存款”“在建工程”等科目。

（2）平常不对投资性房地产计提折旧或摊销，只需要在会计期末按照公允价值调整其账面价值。

对于采用公允价值模式进行核算的投资性房地产，与成本模式最大的不同就是日常不需要计提折旧或者进行价值的摊销。

企业应当以资产负债表日投资性房地产的公允价值为基础调整其账面价值，公允价值与原账面价值之间的差额计入当期损益。

当资产负债表日，投资性房地产的公允价值高于原账面价值的差额，借记“投资性房地产——公允价值变动”科目，贷记“公允价值变动损益”科目；公允价值低于原账面价值的差额，作相反的会计分录。

（3）取得投资性房地产的租金收入时，借记“银行存款”等科目，贷记“其他业务收入”等科目。

【例7－9】2015年6月1日，朝雅房地产开发股份公司与A公司达成租赁协议，约定自身购入的一栋可用于办公的写字楼租赁给A公司使用，租期自9月1日开始，租赁期为5年。

当年9月1日，朝雅房地产开发公司一次性缴纳了全部的购楼款5 000 000元，该写字楼也开始起租。由于该栋写字楼地处商业繁华区，所在城区有活跃的房地产交易市场，而且能够从房地产交易市场上取得同类房地产的市场报价，朝雅房地产开发公司决定采用公允价值模式对该项出租的房地产进行后续计量。

2015年12月31日，该写字楼的公允价值为6 000 000元。2016年12月31日，该写字楼的公允价值为6 500 000元。朝雅房地产开发公司的账务处理如下：

（1）2015年9月1日，朝雅房地产开发公司缴纳了全部房款并开始出租：

借：投资性房地产——××写字楼（成本）　　5 000 000

　　贷：银行存款　　5 000 000

（2）2015年12月31日，以公允价值为基础调整其账面价值，公允价值与原账面价值之间的差额计入当期损益。

公允价值变动损益＝6 000 000－5 000 000＝1 000 000（元）

借：投资性房地产——××写字楼（公允价值变动）

　　1 000 000

　　贷：公允价值变动损益　　1 000 000

（3）2016年12月31日，公允价值又发生变动：

公允价值变动损益＝6 500 000－6 000 000＝500 000（元）

借：投资性房地产——××写字楼（公允价值变动）

500 000

贷：公允价值变动损益　　500 000

三、投资性房地产后续计量模式的变更

企业对投资性房地产的计量模式一经确定，不得随意变更。按照当前《企业会计准则》的规定，只允许成本模式转为公允价值模式，已采用公允价值模式计量的投资性房地产，不得从公允价值模式转为成本模式。

成本模式转为公允价值模式的，应当作为会计政策变更处理，将计量模式变更时公允价值与账面价值的差额调整期初留存收益（未分配利润）。企业变更投资性房地产计量模式时，应当按照计量模式变更日投资性房地产的公允价值，借记“投资性房地产——成本”科目，按照已计提折旧或摊销，借记“投资性房地产累计折旧（摊销）”科目，原已计提减值准备的，借记“投资性房地产减值准备”科目，按照原账面余额，贷记“投资性房地产”科目，按照公允价值与其账面价值之间的差额，贷记或借记“利润分配——未分配利润”“盈余公积”等科目。

【例7－10】朝雅房地产开发公司拥有一栋可作办公用的独栋小楼，一直出租给某科技开发公司办公使用。在会计处理上一直按照成本模式作为投资性房地产处理。

2015年1月1日，朝雅房地产开发公司认为，出租的写字楼由于其所在地的房地产交易市场比较成熟，具备了采用公允价值模式计量的条件，决定对该项投资性房地产从成本模式转换为公允价值模式计量。该写字楼的原造价为500 000元，已计提折旧100 000元，账面价值为400 000元。2015年1月1日，该写字楼的公允价值为475 000元。假设

朝雅房地产开发公司按净利润的10%计提盈余公积。朝雅房地产开发公司应该进行的账务处理如下：

借：投资性房地产——××写字楼（成本）　　475 000

　　投资性房地产累计折旧　　100 000

　　贷：投资性房地产——××写字楼　　500 000

　　　　利润分配——未分配利润　　67 500

　　　　盈余公积　　7 500

第八章

利润和利润分配的核算

第一节 经营利润的核算

一、利润的含义和构成

1. 利润的含义

利润也称收益或损益，指某一会计主体在一定期间内经营活动的净成果。

2. 利润的构成

房地产开发企业的利润总额，由以下几个部分组成：

利润总额 = 营业利润 + 营业外收支净额

营业利润 = 房地产营业收入 − 营业成本 − 营业税金及附加 − 销售费用 − 管理费用 − 财务费用 − 资产减值损失 − 公允价值变动损失（加收益）− 投资损失（加收益）

房地产主营业务收入 = 土地转让收入 + 商品房销售收入 + 配套设施销售收入 + 代建工程结算收入

房地产主营业务成本 = 土地转让成本 + 商品房销售成本 + 配套设施销售成本 + 代建工程结算成本

营业税金及附加 = 土地增值税 + 营业税 + 城市维护建设税 + 教育费附加

二、房地产主营业务收入的核算

1. 主营业务收入的确认和计量原则

在确认开发产品主营业务收入时，应按权责发生制原则，以销售实现为依据。

销售商品收入同时满足下列条件的，才能予以确认：

（1）企业已将商品所有权上的主要风险和报酬转移给购货方。

（2）企业既没有保留通常与所有权相联系的继续管理权，也没有对已售出的商品实施有效控制。

（3）收入的金额能够可靠地计量。

（4）相关的经济利益很可能流入企业。

（5）相关的已发生或将发生的成本能够可靠地计量。

根据以上标志，主营业务收入的确认原则如下：

（1）土地转让收入和商品房销售收入，应在转让土地、销售商品产权移交手续、开具发票并收到价款或者取得了购买方付款认可证明时，确认为主营业务收入实现。

（2）配套设施销售收入，应在转让配套设施、办妥财产交接手续，将配套设施工程价款账单提交有关单位，并收到价款或取得了收款的凭据时，确认为主营业务收入实现。

（3）代建房屋和代建工程结算收入，应在代建房屋和代建工程竣工验收、办妥移交手续、开具结算账单，并同时收到价款或取得了收款的凭据时，确认为主营业务收入实现。

（4）以分期收款方式销售开发产品的主营业务收入，可按合同规定的收款时间分次转作主营业务收入。

（5）开发企业在销售商品房时，如规定一次性付清价款的购房者能获得一定折扣，可按净额法，即对商品房销售收入按扣除折扣后的销售收入净额入账。如规定一次性付清房屋价款的购房者可获得2%的折扣，则在购房者一次性付清房款400 000元时，开发企业以销售收入净额392 000元（400 000－400 000×2%）入账。

2. 主营业务收入的账务处理

开发企业实现的房地产主营业务收入，应按实际收到或应收价款，借记“银行借款”“应收账款”等科目，贷记“主营业务收入”科目。

对于实现的房地产主营业务收入，应在“主营业务收入”账户下按收入类别设置“土地转让收入”“商品房销售收入”“配套设施销售收入”“代建工程结算收入”等二级账户进行核算。

【例8-1】某房地产开发公司本月向意远钢厂转让土地两块，共计60万平方米，假设每平方米200元，转让价款已支付50%，余款以6个月的商业汇票支付，则：

①计算出转让土地的价款总额：

600 000×200=12 000（万元）

②作会计分录如下：

借：银行存款　　　　　　　　　　　　60 000 000

　　应收票据　　　　　　　　　　　　60 000 000

　　贷：主营业务收入——土地转让收入　　　　120 000 000

【例8-2】某房地产开发公司本月向市百货商业集团公司出售商品房一幢1 500平方米，房价为2 500元/平方米。另销售该小区的商场三层共计3 250平方米，房价为3 500元/平方米。若一次性付清房款，可折扣2%。购房款全部付清，则账务处理如下：

①计算应收的购房和配套设施价款：

总价款=（1 500×2 500）+（3 250×3 500）=1 512.5（万元）

应收价款=1 512.5-（1 512.5×2%）=1 482.25（万元）

②进行账务处理，作会计分录如下：

借：银行存款　　　　　　　　　　　　14 822 500

　　贷：主营业务收入——商品房销售收入　　　　3 675 000

　　　　　　　　　——配套设施销售收入　　　11 147 500

【例8-3】某房地产公司已完工一幢代意远水泥厂建造的办公楼，造价为600万元，工程款已于本月结清。收到代建工程结算款项时，作会计分录如下：

借：银行存款　　　　　　　　　　　　　　　　6 000 000

　　贷：主营业务收入——代建工程结算收入　　　　6 000 000

三、房地产主营业务成本的核算

根据主营业务收入应与其相关的成本、费用配比的原则，开发企业在将各个月份实现的房地产主营业务收入入账时，应同时将其相关的主营业务成本结转入账。

对于销售的商品房，应于月终将销售商品房的实际开发成本借记“主营业务成本——商品房销售成本”科目，贷记“开发产品——商品房”科目。

对于转让的商品性土地，应于月终将转让土地的实际开发成本借记“主营业务成本——土地转让成本”科目，贷记“开发产品——商品性土地”科目。

对于转让配套设施，应于月终将转让配套设施的实际开发成本借记“主营业务成本——配套设施销售成本”科目，贷记“开发产品——配套设施”科目。

对于销售的分期收款开发产品，应于月终按税法规定的确认条件计算本期应结转的销售成本，借记“主营业务成本——商品房销售成本”“主营业务成本——土地转让成本”等科目，贷记“分期收款开发产品”科目。

对于出租开发产品，应按月将出租产品摊销、发生的经常维修费和摊销的大修理支出等其他业务成本，借记“其他业务成本——出租产品”科目，贷记“投资性房地产累计折旧”科目。

对于对外销售的出租房和周转房，应按出租房和周转房的原值减累计摊销额后的净值，转入“主营业务成本——商品房销售成本”账户的借方，同时注销出租房和周转房的原值和累计摊销额，作会计分录如下：

借：其他业务成本

投资性房地产累计折旧

贷：投资性房地产

借：主营业务成本——商品房销售成本

周转房——周转房摊销

贷：周转房——在用周转房

对于移交结算的代建工程，应于月终按移交代建工程的实际开发成本借记“主营业务成本——代建工程结算成本”科目，贷记“开发产品——代建工程”科目。

【例8－4】某房地产开发公司，本月销售商品房的开发产品实际成本为600万元；商品性土地的实际成本为10 000万元；配套设施的实际成本为1 700万元；代建工程的实际成本为500万元。根据以上资料，作会计分录如下：

借：主营业务成本——商品房销售成本	6 000 000	
——土地转让成本	100 000 000	
——配套设施销售成本	17 000 000	
——代建工程结算成本	5 000 000	
贷：开发产品——商品房		6 000 000
——商品性土地		100 000 000
——配套设施		17 000 000
——代建工程		5 000 000

【例8－5】某房地产开发公司房屋出租经营部，本月发生如下业务支出：用银行存款支付办公用品费700元，差旅费5 000元；发生维修领用材料费9 000元；支付员工工资50 000元，应计提员工福利费7 000元；应摊销长期待摊费用12 000元；固定资产折旧费70 000元，

则作会计分录如下：

借：其他业务成本　　153 700

　　贷：原材料　　9 000

　　　　银行存款　　5 700

　　　　应付职工薪酬　　57 000

　　　　长期待摊费用　　12 000

　　　　累计折旧　　70 000

第二节　其他业务利润的核算

一、其他业务收入的核算

房地产开发企业除了开发经营业务外，还有诸如物业管理、材料销售、无形资产转让、固定资产出租等业务的，其收入应在“其他业务收入”账户下，按业务种类设置“物业管理收入”“材料销售收入”“无形资产转让收入”“固定资产出租收入”等二级账户进行核算。

1. 其他业务收入实现的确认

开发企业取得的其他业务收入，应于收入实现时及时入账。

（1）物业管理收入，应按与业主签订合同规定的付款日期，及在提供劳务同时收讫价款或者取得索取价款的凭证时，确认为收入实现。

（2）材料销售收入，应在发出材料，同时收讫料款或者取得索取料款的凭证时，确认为收入实现。

（3）无形资产转让收入，应在签订转让合同或协议，同时收讫转让价款或取得索取价款凭证时，确认为收入实现。

（4）固定资产出租收入，应按出租方与承租方签订的合同或协议规定的承租方付款日期和金额，确认为租金收入实现。合同或协议规定的收款日期已到，承租方未付租金仍应视为租金收入实现。

2. 其他业务收入的账务处理

开发企业实现的其他业务收入，应按实际收到价款或取得相关凭证时借记“银行存款”“应收账款”账户，贷记“其他业务收入”账户。

对于实现的各种其他业务收入，应借记“银行存款”“应收账款”科目，贷记“其他业务收入”的“物业管理收入”“材料销售收入”“无形资产转让收入”“固定资产出租收入”等二级科目。

二、其他业务成本的核算

开发企业其他业务发生的成本、费用，应在“其他业务成本”账户下设置“物业管理支出”“材料销售支出”“无形资产转让支出”“固定资产出租支出”等二级账户进行核算。除主营业务活动以外的其他经营活动发生的相关税费，在“营业税金及附加”科目核算。

根据其他业务收入应与其相关的成本、费用配比的原则，开发企业各月份实现的其他业务收入入账时，应同时将其相关的其他业务成本、费用和营业税金及附加登记入账。

对于物业管理业务发生的支出（包括服务人员工资、福利费、耗用物料等），借记“其他业务成本——物业管理支出”科目，贷记“应付职工薪酬”“原材料”“银行存款”等科目。

对于销售的材料，应将其成本，借记“其他业务成本——材料销售支出”科目，贷记“原材料”“材料成本差异”等科目。

对于转让无形资产使用权而发生的费用（如派出技术服务人员的费

用等)，借记“其他业务成本——无形资产转让支出”科目，贷记“应付职工薪酬”“银行存款”等科目。

对向其他单位出租固定资产（非房地产）而发生的成本（如折旧费等)，借记“其他业务成本——固定资产出租支出”科目，贷记“累计折旧”等科目。

根据其他业务收入和其他业务成本账户的余额，就可据以计算其他业务利润。

【例 8 -6】某房地产开发公司本月份实现如下业务收入：

①物业管理收入 50 万元，款项已存入银行。

②处理多余装饰材料一批，价款 80 万元，应交增值税 13.6 万元，其中转账支票 30 万元已存入银行账户，63.6 万元为 90 天期限的商业承兑汇票。

③应收出租挖掘机、推土机设备租金 5 万元，款项已存入银行。

根据上述资料，作会计分录如下：

借：银行存款　　850 000

　　应收票据　　636 000

　　贷：其他业务收入——物业管理收入　　500 000

　　　　　　　　　——材料销售收入　　800 000

　　　　　　　　　——固定资产出租收入　　50 000

　　　　应交税费——应交增值税（销项税额）　　136 000

第三节 营业外收支的核算

营业外收支，是指与企业开发经营业务无直接关系的各项收入和支出。

一、营业外收入的核算

企业营业外收入是与企业主营业务收入相对而言的，虽与企业经营活动没有直接的因果关系，但与企业又有一定的联系。按照企业会计制度的规定，列入营业外收入的项目主要有：处置固定资产净收益、非货币性交易收益、转让无形资产收益、罚款收入、因债权人原因确实无法支付的应付款项、教育费附加返还款等。

发生处置固定资产净收益、非货币性交易收益、转让无形资产收益、罚款收入，以及教育费附加返还的经济业务时，作会计分录如下：

借：待处理财产损溢——待处理固定资产损溢

（或：固定资产清理、应付账款、银行存款等科目）

贷：营业外收入

二、营业外支出的核算

营业外支出是与企业经营活动没有直接关系的各项支出。按照企业会计制度的规定，列入营业外支出的项目主要有：固定资产盘亏、处理固定资产净损失、转让无形资产损失、债务重组损失、计提的固定资产减值准备、计提的无形资产减值准备、计提的在建工程减值准备、非常损失、罚款支出、捐赠支出等。

发生固定资产盘亏、处理固定资产净损失、转让无形资产损失、债务重组损失、计提的固定资产减值准备、计提的无形资产减值准备、计提的在建工程减值准备、捐赠支出、发生非常损失和罚款支出时，作会计分录如下：

借：营业外支出——固定资产盘亏

——处理固定资产净损失

——转让无形资产损失

——债务重组损失

——非常损失

——捐赠支出

——罚款支出

贷：待处理财产损溢——待处理固定资产损溢（或固定资产清理、待处理财产损溢——待处理流动资产损溢、银行存款、应付职工薪酬等科目）

第四节　期间费用的核算

房地产开发企业发生的期间费用主要有销售费用、管理费用、财务费用。期间费用直接计入当期损益，并在利润表上分项目列示。

一、销售费用的核算

房地产开发企业的销售费用，是指企业在销售、转让、出租开发产品过程中发生的各项费用，主要包括：

（1）开发产品销售以前的改装修复费、开发产品看护费、水电费、采暖费。

（2）开发产品销售、转让、出租过程中发生的广告宣传费、展览费、代销手续费、销售服务费。

（3）为销售、转让、出租本企业开发产品而专设的销售机构的员工工资、福利费、折旧费、修理费、差旅费以及其他经费。

上列各项费用，在房地产开发企业会计中，叫做销售费用，须在计算房地产经营利润时扣除。在实际经营中，开发企业设置的销售机构，往往也为其他经营业务服务，将它作为营业利润的扣除，也是比较合理的。

开发企业发生上述各费用时，应借记“销售费用”，贷记“库存现金”“银行存款”“原材料”“周转材料”“应付职工薪酬”“累计折旧”等。

企业发生的销售费用，直接计入当期损益，并在期末将其余额全部转入本年利润账户的借方，作会计分录如下：

借：本年利润

　　贷：销售费用

【例 8 - 7】某房地产开发公司销售部本月发生了如下业务支出费用：

①支付水电费 2 000 元，作会计分录如下：

借：销售费用	2 000	
贷：银行存款		2 000

②领用维修材料 5 000 元，低值易耗品 500 元，作会计分录如下：

借：销售费用	5 500	
贷：原材料		5 000
低值易耗品		500

③支付销售部人员工资 30 000 元及发生福利费 4 200 元，作会计分

录如下：

借：销售费用　　34 200

　　贷：应付职工薪酬　　34 200

④计提固定资产折旧费 6 000 元，作会计分录如下：

借：销售费用　　6 000

　　贷：累计折旧　　6 000

将本月销售费用 47 700 元（2 000 + 5 500 + 34 200 + 6 000）结转至本年利润账户，作会计分录如下：

借：本年利润　　47 700

　　贷：销售费用　　47 700

二、管理费用的核算

房地产开发企业的管理费用，是指企业行政管理部门（公司总部）为组织和管理房地产开发经营活动而发生的各项费用。为了划清开发单位与企业行政管理部门的责任，管理费用不计入开发成本，而作为期间费用直接由企业当期利润补偿。开发企业管理费用的内容包括：行政管理人员工资、福利费、办公费、差旅费、折旧费、修理费、低值易耗品摊销、工会经费、职工教育经费、劳动保险费、待业保险费、咨询费，在“管理费用”科目列支的税金、诉讼费、技术转让费、无形资产摊销、业务招待费、企业开办费、计提的坏账准备、计提的存货跌价准备，存货盘亏、毁损、报废（或盘盈）损失以及排污费、绿化费等。

开发企业管理费用的总分类核算，在“管理费用”账户进行。企业发生的各项管理费用，借记“管理费用”科目，贷记“库存现金”“银行存款”“应付职工薪酬”“低值易耗品”“累计折旧”“无形资产”“长期待摊费用”“应交税费”“坏账准备”等科目。

企业发生的管理费用直接计入当期损益，并于期末将其余额全部转入本年利润账户的借方，作会计分录如下：

借：本年利润

  贷：管理费用

三、财务费用的核算

房地产开发企业的财务费用，是指企业为筹集开发经营所需资金而发生的各项费用，包括利息净支出、汇兑净损失，以及相关的手续费等。在总分类核算上，应在“财务费用”账户进行。

开发企业因开发产品所发生的借款利息及相关的手续费，在开发产品完工以前，应借记“开发间接费用”科目，贷记“长期借款”“银行存款”科目，计入有关开发成本。开发企业因购建固定资产而发生的长期借款利息支出及相关的手续费，在购建固定资产达到预定可使用状态以前，应借记“固定资产”“在建工程”科目，贷记“长期借款”“银行存款”等科目，计入有关固定资产的价值。

开发产品完工以后发生的长期借款利息支出和固定资产购建工程达到预定可使用状态后发生的长期借款的利息支出，应计入财务费用，作会计分录如下：

借：财务费用

  贷：长期借款

    银行存款

与开发房地产和购建固定资产直接有关的长期借款，在使用以前暂存银行而发生的利息收入，在开发产品完工以前和固定资产购建工程达到预定可使用状态以前发生的，应与相应计入开发成本和固定资产价值的利息支出冲抵，借记“银行存款”科目，贷记“开发间接费用”“在建工程”科目。

在开发产品完工和固定资产购建工程达到预定可使用状态以后发生

的利息收入，应冲减财务费用，作会计分录如下：

借：银行存款

贷：财务费用

开发企业由于汇率变动等原因，在开发经营期间发生的汇兑损失，以及在达到预定可使用状态以后发生的与购建固定资产直接有关的汇兑损失，应借记“财务费用”科目，贷记有关科目。在开发经营期间发生的汇兑收益，以及在达到预定可使用状态后发生的与购建固定资产直接相关的汇兑收益，应贷记“财务费用”科目，借记有关科目。与购建固定资产直接相关的汇兑损益，在达到预定可使用状态之前发生的，应计入或冲减有关资产的价值，若为汇兑损失则借记“固定资产”“在建工程”科目；若为汇兑收益，则作相反的会计分录。

【例 8－8】某房地产开发公司 2015 年 3 月末支付第 1 季度流动资金借款利息 60 000 元。会计分录如下：

借：财务费用——利息支出　　60 000

贷：银行存款　　60 000

假如企业存款户本季银行利息收入 3 000 元，则作会计分录如下：

借：银行存款　　3 000

贷：财务费用　　3 000

假如本月发生银行手续费 700 元，则作会计分录如下：

借：财务费用　　700

贷：银行存款　　700

根据以上资料，计算出财务费用月末余额 57 700 元，并将其结转至本年利润账户，作会计分录如下：

借：本年利润　　57 700

贷：财务费用　　57 700

第五节 本年利润的核算

一、本年利润的核算方法

进行本年利润的核算，应设置“本年利润”账户，以核算房地产开发经营企业实现的利润总额（或亏损）。具体进行本年利润核算时，有以下两种方法：

1. 账结法

账结法，是指在每月末将所有损益类账户的余额转入本年利润账户，借记所有收入类科目，贷记“本年利润”科目；借记“本年利润”科目，贷记所有成本、费用类科目。结转后，损益类账户月末无余额；本年利润账户的贷方余额，表示年度内累计实现的净利润，借方余额则表示年度内累计发生的净亏损。

2. 表结法

表结法，是指各月月末不结转本年利润，只是在年末时，才将各损益类账户余额转入本年利润账户。表结法各损益类账户的月末余额表示自年初累计实现的收入或发生的费用，“本年利润”账户自1月至11月不作记录，12月末结转本年利润，借记所有收入类账户，贷记“本年利润”科目；借记“本年利润”科目，贷记所有成本、费用类科目。年末损益类账户没有余额。本年利润账户为贷方余额，表示全年累计实现的利润；若为借方余额，则表示全年累计发生的净亏损。

一般来说，所得税费用若采用分月结转方式，本年利润的结转，既可以采用账结法，也可以采用表结法；如果所得税费用采用年末一次结转方式，由于平时不结转所得税费用，费用构成不完整，只宜采用表结法。

二、本年利润核算方法示例

【例8－9】2015年3月31日，某房地产开发企业各损益类账户余额如表8－1所示。

表8－1 损益类会计科目余额表

单位：元

账户名称	借方余额	贷方余额
主营业务收入		1 500 000
主营业务成本	1 200 000	
营业税金及附加	67 500	
销售费用	48 000	
管理费用	75 000	
财务费用	12 500	
其他业务收入		90 000
其他业务成本	45 000	
投资收益		60 000
营业外收入		30 000
营业外支出	25 000	
所得税费用	51 750	

根据上述资料，进行账务处理如下：

①将各收益类账户余额转入本年利润账户，作会计分录如下：

借：主营业务收入　　1 500 000

　　其他业务收入　　90 000

　　投资收益　　60 000

　　营业外收入　　30 000

　　贷：本年利润　　1 680 000

②将各成本、费用类账户余额转入本年利润账户，作会计分录如下：

借：本年利润	1 524 750	
贷：主营业务成本		1 200 000
营业税金及附加		67 500
销售费用		48 000
管理费用		75 000
财务费用		12 500
其他业务成本		45 000
营业外支出		25 000
所得税费用		51 750

第六节　企业所得税的核算

一、企业所得税核算的基本内容

房地产开发企业的利润，要根据国家所得税法的规定，按照应税所得计算上交企业所得税。但是，应税所得与会计利润不同。应税所得又称应税利润纳税所得，是根据税法规定所确认的收入总额，减去准予扣除项目金额（即可扣除的费用）后的差额计算而得。会计利润又称税前利润，是依据会计制度所确认的收入，减去成本费用后的差额计算而得。税法与会计制度规定由于各自的目的不同，应税所得与会计利润也就会不一致。税法是依据公平税负、促进竞争的原则来确定应税所得，其目的在于保证国家机构正常运转所需的财政收入。会计利润是依据权责发生制、配比原则等来确定利润总额，其目的在于公允、客观地反映企业的财务状况和经营成果。

因此，分清企业应纳税所得额与企业所得税前会计利润之间的关系，是企业所得税会计核算的关键一环。这项工作的目的，主要是搞好税收调整项目，即确定出税收调整项目的金额，再按以下公式进行计算：

应纳税所得额 = 收入总额 − 不征税收入 − 免税收入 − 各项扣除

− 允许弥补的以前年度亏损

通过调整，确定出应纳税所得额后，即可按规定的税率计算应纳税所得额，计算公式如下：

应纳所得税额 = 应纳税所得额 × 适用税率

基于税法与会计制度的目的不同，应税所得与会计利润两者之间产生了永久性差异和暂时性差异。

二、应税所得与会计利润的永久性差异

永久性差异是因税法与会计制度规定不同，致使应税所得与会计利润不同而产生的差异。因为基于税收政策的考虑，有些会计上确认的收入或费用，在税法中不属于应税收入或费用；而有些会计上不属于收入的项目，在税法中却作为应税收入。例如：

（1）会计中记作会计利润的已税股利和其他投资收益，免税的国债利息收入，可减免的民族自治地方企业实行定期减免税期间的利润，在税法中均规定不记作应税所得，从而使应税所得小于会计利润。

（2）会计中记作费用或损失的违法经营罚款、被没收财产损失，各项税收的滞纳金、罚金和罚款，非公益、救济性捐赠，各种赞助支出，与取得收入无关的其他各项支出，超过金融机构同类同期贷款利率

计算部分的利息支出，超过国家规定的合理工资总额的2%、14%、1.5%计算的工会经费、职工福利费和职工教育经费，超过国家规定按应税所得额12%计算部分的公益、救济性捐赠，超过限额规定的业务招待费部分等。在税法中均规定不得扣除应税收入，从而使应税所得大于会计利润。

（3）与关联企业以不合理定价手段减少的房地产主营业务收入和其他业务收入，在税法中规定税务机关有权对其作合理调整，增加应税收入，从而使应税所得大于会计利润。

（4）对企业前五年内未弥补的亏损，税法规定可用当年利润弥补，从而使当年应税所得小于会计利润。

上述种种因税法规定与会计制度规定不一致产生的应税所得与会计利润的差异，一旦发生即永久存在，故称永久性差异。这种差异只影响当期的应税所得，不会影响以后各期的所得税额，因而不必作账务调整。

三、应税所得与会计利润的暂时性差异

暂时性差异是因收入或费用在会计中确认时间与税法规定申报的时间不同而产生的差异，主要指以后各期发生的应税所得和以后各期发生的可扣除费用。例如：

（1）对股票投资、其他股权投资采用权益法核算时，会计中按持股比例确认投资收益作为当期利润，而税法规定要在下期实际收到股利或投资利润时才确认为应税所得，从而使当期应税所得小于会计利润。

（2）会计中对房屋质量担保费用在房屋销售时预提作为费用，而税法规定要在以后各期实际发生时才作为费用扣除，从而使当期应税所得大于会计利润。

由于存在暂时性差异，各期应税所得与会计利润可能不相一致。

四、企业所得税的核算

根据企业会计准则，所得税会计采用资产负债表债务法，要求企业从资产负债表出发，通过比较资产负债表上列示的资产、负债，按照会计准则确定的账面价值与按照税法确定的计税基础，对于两者之间的差异分别划分应纳税暂时性差异与可抵扣暂时性差异，确认相关的递延所得税负债与递延所得税资产，并在此基础上确定每一会计期间利润表中所得税费用。

由于会计利润与应税所得存在暂时性差异，按会计利润计算的应交企业所得税可能小于或大于按应税所得计算的应交企业所得税，这样就产生了差额，并需要在以后各期转销。企业采用资产负债表债务法核算所得税费用时，应设置“递延所得税资产”及“递延所得税负债”账户，用以核算由于暂时性差异造成的会计利润与应税所得之间的差异所产生的影响所得税费用的金额。

企业按会计利润计算的所得税费用，借记“所得税费用”科目，按应税所得计算的应交所得税，贷记“应交税费——应交所得税”科目，借记或贷记“递延所得税资产”“递延所得税负债”科目。

【例8－10】某房地产开发企业某年度按会计利润计算的所得税费用为800 000元，按应税所得计算的应交所得税为820 000元，差异20 000元为企业固定资产折旧额与税法规定的折旧额之差，可在次年转回，作会计分录如下：

借：所得税费用　　800 000

　　递延所得税资产　　20 000

　　贷：应交税费——应交所得税　　820 000

本期发生的递延所得税资产到次年确认转销时，如为借方余额，记入“所得税费用”账户的借方和“递延所得税资产”账户的贷方，作会计分录如下：

借：所得税费用　　　　　　　　　　　　　　20 000

　　贷：递延所得税资产　　　　　　　　　　　　　20 000

“递延所得税资产”科目核算企业确认的可抵扣暂时性差异产生的递延所得税资产。应按可抵扣暂时性差异等项目进行明细核算。根据税法规定可用以后年度税前利润弥补的亏损及税款抵减产生的所得税资产，也在“递延所得税资产”科目核算。“递延所得税资产”科目期末借方余额，反映企业确认的递延所得税资产。

递延所得税资产的主要账务处理。

（1）资产负债表日，企业确认的递延所得税资产，借记“递延所得税资产”科目，贷记“所得税费用——递延所得税费用”科目。资产负债表日递延所得税资产的应有余额大于其账面余额的，应按其差额确认，借记“递延所得税资产”科目，贷记“所得税费用——递延所得税费用”等科目；资产负债表日递延所得税资产的应有余额小于其账面余额的差额做相反的会计分录。

企业合并中取得资产、负债的入账价值与其计税基础不同形成可抵扣暂时性差异的，应于购买日确认递延所得税资产，借记“递延所得税资产”科目，贷记“商誉”科目。

与直接计入所有者权益的交易或事项相关的递延所得税资产，借记“递延所得税资产”科目，贷记“资本公积——其他资本公积”科目。

（2）资产负债表日，预计未来期间很可能无法获得足够的应纳税所得额用以抵扣可抵扣暂时性差异的，按原已确认的递延所得税资产中应减记的金额，借记“所得税费用——递延所得税费用”“资本公积——其他资本公积”等科目，贷记“递延所得税资产”科目。

“递延所得税负债”科目核算企业确认的应纳税暂时性差异产生的

所得税负债。可按应纳税暂时性差异的项目进行明细核算。“递延所得税负债”科目期末贷方余额，反映企业已确认的递延所得税负债。

递延所得税负债的主要账务处理。

（1）资产负债表日，企业确认的递延所得税负债，借记“所得税费用——递延所得税费用”科目，贷记“递延所得税负债”科目。资产负债表日递延所得税负债的应有余额大于其账面余额的，应按其差额确认，借记“所得税费用——递延所得税费用”科目，贷记“递延所得税负债”科目；资产负债表日递延所得税负债的应有余额小于其账面余额的做相反的会计分录。

与直接计入所有者权益的交易或事项相关的递延所得税负债，借记“资本公积——其他资本公积”科目，贷记“递延所得税负债”科目。

（2）企业合并中取得资产、负债的入账价值与其计税基础不同形成应纳税暂时性差异的，应于购买日确认递延所得税负债，同时调整商誉，借记“商誉”等科目，贷记“递延所得税负债”科目。

第七节　利润分配的核算

一、利润分配的顺序

分配房地产开发企业的利润时，既要理顺产权关系，充分保障投资者的权益和收益，又要考虑便于加强宏观调控以及财产的监督和约束。

开发企业实现的利润总额，应先按国家规定作相应的调整，然后依法缴纳所得税。这里所说的调整，主要是指：所得税前弥补亏损；投资收益中已纳税的项目或按照规定只要补交所得税的项目。因为按照现行财务制度的规定，企业发生的年度亏损，可以用下一年度的税前利润等弥补；下一年度利润不足弥补的，可以在五年内延续弥补；五年内不足弥补的，才用税后利润等弥补。所以开发企业实现的年度利润，要先用以弥补以前五年内发生的亏损，然后据以计算应税所得额。投资收益如为税后利润，应从本企业利润总额中扣除后再计算应纳税所得额；否则，纳税时如不扣除，就会出现重复纳税现象。

企业缴纳所得税后的利润，一般按照下列顺序分配：

（1）弥补被没收的财物损失，支付各项税收的滞纳金和罚款。

（2）弥补企业以前年度亏损。

（3）提取法定盈余公积金。法定盈余公积金按照税后利润扣除前两项后的10%提取，法定盈余公积金已达到注册资本的50%时可不再提取。

（4）提取任意盈余公积。任意盈余公积是企业自愿提取的，是董事会决定要留在企业的利润。任意盈余公积提取比例，由企业自行决定。

（5）向投资者分配利润。企业以前年度未分配利润，可以并入本年度向投资者分配。开发企业当年无利润时，一般不得向投资者分配利润。股份有限公司当年如无利润，原则上不分股利，但为了维护企业股票的信誉，避免股票价格大幅度波动，如用盈余公积弥补亏损，并经股东大会特别决议，可以按照不超过股票面值6%的比率用盈余公积金分配股利；在分配股利后，企业法定盈余公积金不得低于注册资本的25%。

盈余公积金，包括法定盈余公积金和任意盈余公积金，可用于弥补亏损或用于转增资本金，但转增资本金后，企业的法定盈余公积金一般不得低于注册资本的25%。

二、利润分配的核算

为了反映企业利润的分配，开发企业应设置利润分配账户，并分设如下二级账户进行明细核算：

(1) 应付现金股利或利润。核算股份制企业应分配给股东的现金股利或非股份制企业分配给投资者的利润。

(2) 转作股本的股利。核算股份制企业应分配给股东的股票股利等。

(3) 提取法定盈余公积。核算企业按照规定提取的法定盈余公积。

(4) 盈余公积补亏。核算企业用盈余公积弥补亏损的金额。

(5) 提取任意盈余公积。核算股份制企业提取的任意盈余公积。

(6) 未分配利润。核算企业全年实现的净利润及历年积存的未分配利润或未弥补亏损。

年度终了，企业应将本年利润账户结转的净利润，借记“本年利润”科目，贷记“利润分配——未分配利润”科目。

【例8-11】某企业2015年年终将本年利润中200万元的净利润转为利润分配——未分配利润，作会计分录如下：

借：本年利润　　　　2 000 000

　　贷：利润分配——未分配利润　　　　2 000 000

如果该企业2015年亏损200万元，对结转的亏损总额应记入“利润分配——未分配利润”账户的借方和“本年利润”账户的贷方，作如上相反的分录。

用盈余公积金弥补亏损时，应借记“盈余公积——法定盈余公积”“盈余公积——任意盈余公积”科目，贷记“利润分配——盈余公积补亏”科目。

按规定从净利润中提取法定盈余公积、任意盈余公积时，借记“利润分配——提取法定盈余公积”“利润分配——提取任意盈余公积”科目，贷记“盈余公积——法定盈余公积”“盈余公积——任意盈余公积”科目。

核算应分配给优先股和普通股股东的现金股利时，借记“利润分配——应付现金股利”科目，贷记“应付股利”科目。

核算分配给普通股股东的股票股利时，借记“利润分配——转作股本的股利”科目，贷记“股本”科目。

核算非股份制企业应分配给投资者的利润和将利润转作资本时，借记“利润分配——应付利润”“利润分配——转作资本的利润”科目，贷记“应付利润”“实收资本”科目。

年度终了，应将“利润分配”账户所属提取法定盈余公积、提取任意盈余公积、应付优先股股利、应付普通股股利、应付利润、转作股本的普通股股利、转作资本的利润等的余额转入“未分配利润”二级账户的借方；将利润分配账户所属其他转入二级账户的余额转入“未分配利润”账户的贷方，作会计分录如下：

借：利润分配——未分配利润

　　贷：利润分配——提取法定盈余公积

　　　　　　　　——提取任意盈余公积

　　　　　　　　——应付现金股利

　　　　　　　　——转作股本的股利

　　　　　　　　——应付利润

　　　　　　　　——转作资本的利润

借：利润分配——盈余公积补亏

　　贷：利润分配——未分配利润

结转后，“利润分配——未分配利润”二级账户如有余额，贷方为历年积存的未分配利润；借方为历年积存的未弥补亏损。

股份制企业股东大会批准的利润分配方案与已入账的向董事会提请批准的报告年度利润分配方案不一致时，其差额应当调整批准年度财务报表有关项目的年初数。调整增加的利润分配数，借记“利润分配——未分配利润”科目，贷记“盈余公积”等科目；调整减少的利润分配数，作相反的会计分录。

三、以前年度损益调整的核算

以前年度损益调整，是指企业本年度发生的调整以前年度损益的事项。引起以前年度损益调整的原因，主要包括：

（1）以前年度发生的会计差错，如计算错误、选用会计科目不当、编制会计分录有误等。

（2）以前年度采用了不恰当的会计方法，如按照企业会计准则，企业应当采用权责发生制，但企业却用现收现付制来处理收入或费用事项，于本年度被查出。

因此，以前年度损益是与以前年度经营活动有关，而与本年度经营活动无关的事项。

因会计估计所引起的误差，不属以前年度损益调整事项。在会计工作中，有些数据需要估计，如未来可能发生的坏账损失、存货跌价损失、持有至到期投资减值损失、长期股权投资减值损失，等等。以前年度估计的坏账损失、存货跌价损失、长期股权投资减值损失与以后年度实际发生损失可能不相一致，但这种误差是不可避免的。

但有两种情况不属于以前年度损益调整事项：

一是在年度财务报告以前，有确凿证据证实某项资产已发生损失或永久性减值，并在年度财务报告中作了相应调整，该事项不属于以前年度损益调整事项。

二是由内部审计或外部审计发现的本年度发生的各项会计差错以及采用会计准则不允许的会计方法，由于只涉及本年度损失，可在本年度账上进行更正或调整，也不属于以前年度损益调整事项。

房地产开发企业发生影响以前年度损益调整的事项时，可通过“利润分配——未分配利润”账户进行调整。为了反映以前年度损益调整的数额，也可另行设置“以前年度损益调整”账户进行调整。通过“以前年度损益调整”账户调整时，对企业调整增加的年度利润或调整减少的以前年度亏损，应记入有关账户的借方和“以前年度损益调整”账户的贷方。对调整减少的以前年度利润或调整增加的以前年度亏损，应记入“以前年度损益调整”账户的借方和有关账户的贷方。

以前年度损益的调整，可能涉及以前年度所得税的调整，所以在调整以前年度损益的同时，符合税法规定的要相应调整应缴纳的企业所得税。由于调整增加或减少以前年度利润或亏损而相应增加的企业所得税，应记入“以前年度损益调整”账户的借方和“应交税费——应交所得税”账户的贷方。由于调整减少或增加以前年度利润或亏损而相应减少的企业所得税，应记入“应交税费——应交所得税”账户的借方和“以前年度损益调整账户”的贷方。

经过上述调整后，应同时将“以前年度损益调整”账户的余额转入“利润分配——未分配利润”账户。

【例 8－12】某房地产开发企业将 2015 年 12 月中旬购入一辆 200 000元的轿车误作管理费用处理。这一错误属于将资本支出误以为收益支出。由于它在 2015 年发生，于 2016 年 1 月才被发现，因此属于以前年度损益调整事项。应从以下两方面进行调整：

①应将轿车买价 200 000 元记入固定资产账户的借方，并调整增加

以前年度利润，记入“以前年度损益调整”账户的贷方：

借：固定资产　　200 000

　　贷：以前年度损益调整　　200 000

②应将由于调整增加以前年度利润而相应增加的所得税 25 000 元，记入“以前年度损益调整”账户的借方和“应交税费——应交所得税”账户的贷方：

借：以前年度损益调整　　25 000

　　贷：应交税费——应交所得税　　25 000

经过上列调整后，以前年度损益调整账户结有贷方余额 67 000 元，应将它转入“利润分配——未分配利润”账户的贷方：

借：以前年度损益调整　　75 000

　　贷：利润分配——未分配利润　　75 000

房地产开发企业本年度发生的调整以前年度损益的事项，应调整本年度财务报表相关项目的年初数或上年实际数。企业在资产负债表日后、财务报表报出前发生的调整报告年度损益的事项，应调整报告年度财务报表相关项目的数据。

第九章

财务报告

第一节 资产负债表

一、资产负债表的内容及结构

（一）资产负债表的内容

资产负债表是反映企业在某一特定日期财务状况的财务报表。它反映企业在某一特定日期所拥有或控制的经济资源、所承担的现时义务和所有者对净资产的要求权。通过资产负债表，可以提供某一日期资产的总额及其结构，表明企业拥有或控制的资源及其分布情况，使用者可以一目了然地从资产负债表中了解企业在某一特定日期所拥有的资产总量及其结构。可以提供某一日期的负债总额及其结构，表明企业未来需要用多少资产或劳务清偿债务以及清偿时间。可以反映所有者所拥有的权益，据以判断资本保值、增值的情况以及对负债的保障程度。此外，资产负债表还可以提供进行财务分析的基本资料，如将流动资产与流动负债进行比较，计算出流动比率；将速动资产与流动负债进行比较，计算出速动比率等，可以表明企业的变现能力、偿债能力和资金周转能力，从而有助于报表使用者作出经济决策。

（二）资产负债表的结构

在我国，资产负债表采用账户式结构，报表分为左右两方，左方列示资产各项目，反映全部资产的分布及存在形态；右方列示负债和所有者权益各项目，反映全部负债和所有者权益的内容及构成情况。资产负债表左右双方平衡，资产总计等于负债和所有者权益总计即“资产＝负债+所有者权益”。此外，为了使使用者通过比较不同时点资产负债表的数据，掌握企业财务状况的变动情况及发展趋势，企业需要提供比较资产负债表，资产负债表还就各项目再分为“年初余额”和“期末余额”两栏分别填列。

三、资产负债表的填列方法

1. 资产负债表“期末余额”栏的填列方法

本表“期末余额”栏一般应根据资产、负债和所有者权益科目的期末余额填列。

（1）根据总账科目余额填列。“交易性金融资产”“工程物资”“固定资产清理”“递延所得税资产”“短期借款”“交易性金融负债”“应付票据”“应付职工薪酬”“应交税费”“应付利息”“应付股利”“其他应付款”“专项应付款”“预计负债”“递延所得税负债”“实收资本（或股本）”“资本公积”“库存股”“盈余公积”等项目，应根据有关总账科目的余额填列。

有些项目则需根据几个总账科目的期末余额计算填列：“货币资金”项目，需根据“库存现金”“银行存款”“其他货币资金”3个总账科目的期末余额的合计数填列；“其他非流动资产”“其他流动负债”项目，应根据有关科目的期末余额分析填列。

（2）根据明细账科目余额计算填列。“开发支出”项目，应根据“研发支出”科目中所属的“资本化支出”明细科目期末余额填列。“应付账款”项目，需要根据“应付账款”和“预付款项”两个科目所属的相关明细科目的期末贷方余额合计数填列。“预收账款”项目，应根据“预收账款”和“应收账款”科目所属各明细科目的期末贷方余额合计数填列。“一年内到期的非流动资产”“一年内到期的非流动负债”项目，应根据有关非流动资产或负债项目的明细科目余额分析填列。“长期借款”“应付债券”项目，应分别根据“长期借款”“应付债券”科目的明细科目余额分析填列。“未分配利润”项目，应根据“利润分配”科目中所属的“未分配利润”明细科目期末余额填列。

（3）根据总账科目和明细账科目余额分析计算填列。“长期借款”项目，应根据“长期借款”总账科目余额扣除“长期借款”科目所属的明细科目中将在资产负债表日起一年内到期且企业不能自主地将清偿义务展期的长期借款后的金额计算填列。“长期待摊费用”项目，应根据“长期待摊费用”科目的期末余额减去将于一年内（含一年）摊销的数额后的金额填列。“其他非流动负债”项目，应根据有关科目的期末余额减去将于一年内（含一年）到期偿还数后的金额填列。

（4）根据有关科目余额减去其备抵科目余额后的净额填列。“可供出售金融资产”“持有至到期投资”“长期股权投资”“在建工程”“商誉”项目，应根据相关科目的期末余额填列，已计提减值准备的，还应扣减相应的减值准备。“固定资产”“无形资产”“投资性房地产”“生产性生物资产”“油气资产”项目，应根据相关科目的期末余额扣减相关的累计折旧（或摊销、折耗）填列，已计提减值准备的，还应扣除相应的减值准备，采用公允价值计量的上述资产，应根据相关科目的期末余额填列。“长期应收款”项目，应根据“长期应收款”科目的期末余额，减去相应的“未实现融资收益”科目和“坏账准备”科目所属相关明细科目期末余额后的金额填列。“长期应付款”项目，应根据“长期应付款”科目的期末余额，减去相应的“未确认融资费用”科目期末余额后的金额填列。

（5）综合运用上述填列方法分析填列。主要包括“应收票据”“应收利息”“应收股利”“其他应收款”项目。应根据相关科目的期末余额，减去“坏账准备”科目中有关坏账准备期末余额后的金额填列。“应收账款”项目，根据“应收账款”和“预收账款”科目所属各明细科目的期末借方余额合计数，减去“坏账准备”科目中有关应收账款计提的坏账准备期末余额后的金额填列。“预付账款”项目，应根据“预付账款”和“应收账款”科目所属各明细科目的期末借方余额合计数，减去“坏账和准备”科目中有关预付款项计提的坏账准备期末余额后的金额填列。“存货”项目，应根据“材料采购”“原材料”“发出商品”“库存商品”“周转材料”“委托加工物资”“生产成本”“受托代销商品”等科目的期末余额合计，减去“受托代销商品款”“存货跌价准备”科目期末余额后的金额填列。材料采用计划成本核算，以及库存商品采用计划成本核算或售价核算的企业，还应按加或减材料成本差异、商品进销差价后的金额填列。

2. 资产负债表“年初余额”栏的填列方法

本表中“年初余额”栏通常根据上年末有关项目的期末余额填列，且与上年末资产负债表“期末余额”栏一致。企业在首次执行新准则时，应当按照《企业会计准则第38号——首次执行企业会计准则》对首次执行新准则当年的“年初余额”栏及相关项目进行调整。以后期间，如果企业发生了会计政策变更、前期差错更正，应当对“年初余额”栏中的有关项目进行相应调整。此外，如果企业上年度资产负债表规定的项目的名称和内容同本年度不一致，应对上年年末资产负债表相关项目的名称和数字按照本年度的规定进行调整，填入“年初余额”栏。

四、资产负债表编制示例

【例9－1】朝雅房地产开发股份有限公司2015年12月31日的资产负债表（年初余额略）及2016年12月31日的科目余额表分别如表

9－1和表9－2所示。假设朝雅房地产开发股份有限公司2016年度除计提固定资产减值准备导致固定资产账面价值与其计税基础存在可抵扣暂时性差异外，其他资产和负债项目的账面价值均等于其计税基础。假定公司未来很可能获得足够的应纳税所得额用来抵扣可抵扣暂时性差异，适用的所得税税率为25%。

表9－1　资产负债表

会企01表

编制单位：朝雅房地产开发股份有限公司　　2015年12月31日　　单位：元

资产	期末余额	年初余额	负债和股东权益	期末余额	年初余额
流动资产：			流动负债：		
货币资金	1 406 300		短期借款	300 000	
交易性金融资产	15 000		交易性金融负债	0	
应收票据	246 000		应付票据	200 000	
应收账款	299 100		应付账款	953 800	
预付款项	100 000		预收款项	0	
应收利息	0		应付职工薪酬	110 000	
应收股利	0		应交税费	36 600	
其他应收款	5 000		应付利息	1 000	
存货	2 580 000		应付股利	0	
一年内到期的非流动资产	0		其他应付款	50 000	
其他流动资产	100 000		一年内到期的非流动负债	1 000 000	
流动资产合计	4 751 400		其他流动负债	0	
非流动资产：			流动负债合计	2 651 400	
可供出售金融资产	0		非流动负债：		

续表

资产	期末余额	年初余额	负债和股东权益	期末余额	年初余额
持有至到期投资	0		长期借款	600 000	
长期应收款	0		应付债券	0	
长期股权投资	250 000		长期应付款	0	
投资性房地产	0		专项应付款	0	
固定资产	1 100 000		预计负债	0	
在建工程	1 500 000		递延所得税负债	0	
工程物资	0		其他非流动负债	0	
固定资产清理	0		非流动负债合计	600 000	
生产性生物资产	0		负债合计	3 251 400	
油气资产	0		股东权益：		
无形资产	600 000		实收资本（或股本）	5 000 000	
开发支出	0		资本公积	0	
商誉	0		减：库存股	0	
长期待摊费用	0		盈余公积	100 000	
递延所得税资产	0		未分配利润	50 000	
其他非流动资产	200 000		股东权益合计	5 150 000	
非流动资产合计	3 650 000				
资产总计	8 401 400		负债和股东权益总计	8 401 400	

表 9-2　科目余额表

单位：元

科目名称	借方余额	科目名称	贷方余额
库存现金	2 000	短期借款	50 000
银行存款	805 831	应付票据	100 000
其他货币资金	7 300	应付账款	953 800
交易性金融资产	0	其他应付款	50 000
应收票据	66 000	应付职工薪酬	180 000
应收账款	600 000	应交税费	226 731
坏账准备	-1 800	应付利息	0
预付账款	100 000	应付股利	32 215.85
其他应收款	5 000	一年内到期的长期负债	0
材料采购	275 000	长期借款	1 160 000
原材料	45 000	股本	5 000 000
周转材料	38 050	盈余公积	124 770.40
库存商品	2 122 400	利润分配（未分配利润）	218 013.75
材料成本差异	4 250		
其他流动资产	100 000		
长期股权投资	250 000		
固定资产	2 401 000		
累计折旧	-170 000		
固定资产减值准备	-30 000		
工程物资	300 000		

续表

科目名称	借方余额	科目名称	贷方余额
在建工程	428 000		
无形资产	600 000		
累计摊销	-60 000		
递延所得税资产	7 500		
其他长期资产	200 000		
合计	8 095 531	合计	8 095 531

根据上述资料，编制朝雅房地产开发股份有限公司2016年12月31日的资产负债表，如表9-3所示。

表9-3 资产负债表

会企01表

编制单位：朝雅房地产开发股份有限公司　　2016年12月31日　　单位：元

资产	期末余额	年初余额	负债和所有者权益（或股东权益）	期末余额	年初余额
流动资产：			流动负债：		
货币资金	815 131	1 406 300	短期借款	50 000	300 000
交易性金融资产	0	15 000	交易性金融负债	0	0
应收票据	66 000	246 000	应付票据	100 000	200 000
应收账款	598 200	299 100	应付账款	953 800	953 800
预付款项	100 000	100 000	预收款项	0	0
应收利息	0	0	应付职工薪酬	180 000	110 000
应收股利	0	0	应交税费	226 731	36 600

续表

资产	期末余额	年初余额	负债和所有者权益（或股东权益）	期末余额	年初余额
其他应收款	5 000	5 000	应付利息	0	1 000
存货	2 484 700	2 580 000	应付股利	32 215.85	0
一年内到期的非流动资产	0	0	其他应付款	50 000	50 000
其他流动资产	100 000	100 000	一年内到期的非流动负债	0	1 000 000
流动资产合计	4 169 031	4 751 400	其他流动负债	0	0
非流动资产：			流动负债合计	1 592 746.85	2 651 400
可供出售金融资产	0	0	非流动负债：		
持有至到期投资	0	0	长期借款	1 160 000	600 000
长期应收款	0	0	应付债券	0	0
长期股权投资	250 000	250 000	长期应付款	0	0
投资性房地产	0	0	专项应付款	0	0
固定资产	2 201 000	1 100 000	预计负债	0	0
在建工程	428 000	1 500 000	递延所得税负债	0	0
工程物资	300 000	0	其他非流动负债	0	0
固定资产清理	0	0	非流动负债合计	1 160 000	600 000
生产性生物资产	0	0	负债合计	2 752 746.85	3 251 400
油气资产	0	0	所有者权益（或股东权益）：		
无形资产	540 000	600 000	实收资本（或股本）	5 000 000	5 000 000
开发支出	0	0	资本公积	0	0
商誉	0	0	减：库存股	0	0
长期待摊费用	0	0	盈余公积	124 770.40	100 000

续表

资产	期末余额	年初余额	负债和所有者权益（或股东权益）	期末余额	年初余额
递延所得税资产	7 500	0	未分配利润	218 013.75	50 000
其他非流动资产	200 000	200 000	所有者权益（或股东权益）合计	5 342 784.15	5 150 000
非流动资产合计	3 926 500	3 650 000			
资产总计	8 095 531	8 401 400	负债和所有者权益（或股东权益）总计	8 095 531	8 401 400

第二节　利润表

一、利润表的内容及结构

1. 利润表的内容

利润表是反映企业在一定会计期间的经营成果的财务报表。利润表的列报必须充分反映企业经营业绩的主要来源和构成，有助于使用者判断净利润的质量及其风险，有助于使用者预测净利润的持续性，从而作出正确的决策。通过利润表，可以反映企业一定会计期间的收入实现情况，如实现的营业收入有多少、实现的投资收益有多少、实现的营业外收入有多少等，可以反映一定会计期间的费用耗费情况，如耗费的营业成本有多少，营业税费有多少，销售费用、管理费用、财务费用各有多少，营业外支出有多少等；可以反映企业生产经营活动的成果，即净利润的实现情况，据以判断资本保值、增值情况。将利润表中的信息与资产负债表中的信息相结合，还可以提供进行财务分析的基本资料，如将赊销收入净额与应收账款平均余额进行比较，计算出应收账款周转率；将销货成本与存货平均余额进行比较，计算出存货周转率；将净利润与资产总额进行比较，计算出资产收益率等，可以表现企业资金周转情况以及企业的盈利能力和水平，便于报表使用者判断企业未来的发展趋势，作出经济决策。

2. 利润表的结构

常见的利润表结构主要有单步式和多步式两种。在我国，企业利润表采用的基本上是多步式结构，即通过对当期的收入、费用、支出项目按性质加以归类，按利润形成的主要环节列示一些中间性利润指标，分步计算当期损益。

利润表主要反映以下几方面的内容：

①营业收入。由主营业务收入和其他业务收入组成。

②营业利润。营业收入减去营业成本（主营业务成本、其他业务成本）、营业税金及附加、销售费用、管理费用、财务费用、资产减值损失，加上公允价值变动收益、投资收益，即为营业利润。

③利润总额。营业利润加上营业外收入，减去营业外支出，即为利润总额。

④净利润。利润总额减去所得税费用，即为净利润。

⑤每股收益。普通股或潜在普通股已公开交易的企业，以及正处于公开发行普通股或潜在普通股过程中的企业，还应当在利润表中列示每股收益信息，包括基本每股收益和稀释每股收益两项指标。

此外，为了使报表使用者通过比较不同期间利润的实现情况，判断企业经营成果的未来发展趋势，企业需要提供比较利润表，利润表还就各项目再分为“本期金额”和“上期金额”两栏分别填列。

二、利润表的填列方法

1. 上期金额栏的填列方法

利润表“上期金额”栏内各项数字，应根据上年该期利润表“本期金额”栏内所列数字填列。如果上年该期利润表规定的各个项目的名称和内容同本期不相一致，应对上年该期利润表各项目的名称和数字按本期的规定进行调整，填入利润表“上期金额”栏内。

2. 本期金额栏的填列方法

利润表“本期金额”栏内各项数字一般应根据损益类科目的发生额分析填列。

三、利润表编制示例

【例9－2】朝雅房地产开发股份有限公司2016年度有关损益类科目本年累计发生净额如表9－4所示。

表9－4 朝雅房地产开发股份有限公司损益类科目2016年度累计发生净额

单位：元

科目名称	借方发生额	贷方发生额
主营业务收入		1 250 000
主营业务成本	750 000	
营业税金及附加	2 000	
销售费用	20 000	
管理费用	157 100	
财务费用	41 500	
资产减值损失	30 900	
投资收益		31 500
营业外收入		50 000
营业外支出	19 700	
所得税费用	85 300	

根据上述资料，编制朝雅房地产开发股份有限公司 2016 年度利润表，如表 9－5 所示。

表 9－5 利润表

会企 02 表

编制单位：朝雅房地产开发股份有限公司　　2016 年　　单位：元

项　　目	本期金额	上期金额（略）
一、营业收入	1 250 000	
减：营业成本	750 000	
营业税金及附加	2 000	
销售费用	20 000	
管理费用	157 100	
财务费用	41 500	
资产减值损失	30 900	
加：公允价值变动收益（损失以“－”号填列）	0	
投资收益（损失以“－”号填列）	31 500	
其中：对联营企业和合营企业的投资收益	0	
二、营业利润（亏损以“－”号填列）	280 000	
加：营业外收入	50 000	
减：营业外支出	19 700	
其中：非流动资产处置损失	（略）	
三、利润总额（亏损总额以“－”号填列）	310 300	
减：所得税费用	85 300	
四、净利润（净亏损以“－”号填列）	225 000	
五、每股收益：	（略）	
（一）基本每股收益		
（二）稀释每股收益		

第三节 现金流量表

一、现金流量表的内容及结构

1. 现金流量表的内容

现金流量表，是指反映企业在一定会计期间现金和现金等价物流入和流出的报表。从编制原则上看，现金流量表按照收付实现制原则编制，将权责发生制下的盈利信息调整为收付实现制下的现金流量信息，便于信息使用者了解企业净利润的质量。从内容上看，现金流量表被划分为经营活动、投资活动和筹资活动3个部分。每类活动又分为各具体项目，这些项目从不同角度反映企业业务活动的现金流入与流出，弥补了资产负债表和利润表提供信息的不足。通过现金流量表，报表使用者能够了解现金流量的影响因素，评价企业的支付能力、偿债能力和周转能力，预测企业未来现金流量，为其决策提供有力依据。

2. 现金流量表的结构

在现金流量表中，现金及现金等价物被视为一个整体，企业现金形式的转换不会产生现金的流入和流出。例如，企业从银行提取现金，是企业现金存放形式的转换，并未流出企业，不构成现金流量。同样，现金与现金等价物之间的转换也不属于现金流量，例如，企业用现金购买3个月到期的国库券。根据企业业务活动的性质和现金流量的来源，现金流量表在结构上将企业一定期间产生的现金流量分为3类：经营活动产生的现金流量、投资活动产生的现金流量和筹资活动产生的现金流量。

二、现金流量表的填列方法

1. 经营活动产生的现金流量

经营活动是指企业投资活动和筹资活动以外的所有交易和事项。各类企业由于行业特点不同，对经营活动的认定存在一定差异。对于工商企业而言，经营活动主要包括销售商品、提供劳务、购买商品、接受劳务、支付税费等。对于商业银行而言，经营活动主要包括吸收存款、发放贷款、同业存放、同业拆借等。对于保险公司而言，经营活动主要包括原保险业务和再保险业务等。对于证券公司而言，经营活动主要包括自营证券、代理承销证券、代理兑付证券、代理买卖证券等。

在我国，企业经营活动产生的现金流量应当采用直接法填列。直接法，是指通过现金收入和现金支出的主要类别列示经营活动的现金流量。

2. 投资活动产生的现金流量

投资活动是指企业长期资产的购建和不包括在现金等价物范围内的投资及其处置活动。长期资产是指固定资产、无形资产、在建工程、其他资产等持有期限在一年或一个营业周期以上的资产。这里所讲的投资活动，既包括实物资产投资，也包括金融资产投资。这里之所以将“包括在现金等价物范围内的投资”排除在外，是因为已经将包括在现金等价物范围内的投资视同现金。不同企业由于行业特点不同，对投资活动的认定也存在差异。例如，交易性金融资产所产生的现金流量，对于工商业企业而言，属于投资活动现金流量，而对于证券公司而言，属于经营活动现金流量。

3. 筹资活动产生的现金流量

筹资活动是指导致企业资本及债务规模和构成发生变化的活动。这里所说的资本，既包括实收资本（股本），也包括资本溢价（股本溢价）。这里所说的债务，指对外举债，包括向银行借款、发行债券以及偿还债务等。通常情况下，应付账款、应付票据等商业应付款等属于经营活动，不属于筹资活动。

此外，对于企业日常活动之外特殊的、不经常发生的特殊项目，如自然灾害损失、保险赔款、捐赠等，应当归并到相关类别中，并单独反映。比如，对于自然灾害损失和保险赔款，如果能够确指属于流动资产损失，应当列入经营活动产生的现金流量；属于固定资产损失，应当列入投资活动产生的现金流量。

4. 汇率变动对现金及现金等价物的影响

编制现金流量表时，应当将企业外币现金流量以及境外子公司的现金流量折算成记账本位币。外币现金流量以及境外子公司的现金流量，应当采用现金流量发生日的即期汇率或按照系统合理的方法确定的、与现金流量发生日即期汇率近似的汇率折算。汇率变动对现金的影响额应当作为调节项目，在现金流量表中单独列报。

汇率变动对现金的影响，指企业外币现金流量及境外子公司的现金流量折算成记账本位币时，所采用的是现金流量发生日的汇率或按照系统合理的方法确定的、与现金流量发生日即期汇率近似的汇率，而现金流量表“现金及现金等价物净增加额”项目中外币现金净增加额是按资产负债表日的即期汇率折算的。这两者的差额即为汇率变动对现金的影响。

在编制现金流量表时，对当期发生的外币业务，也可不必逐笔计算汇率变动对现金的影响，可以通过现金流量表补充资料中“现金及现金等价物净增加额”数额与现金流量表中“经营活动产生的现金流量净额”“投资活动产生的现金流量净额”“筹资活动产生的现金流量净额”3项之和比较，其差额即为“汇率变动对现金的影响额”。

5. 现金流量表补充资料

除现金流量表反映的信息外，企业还应在附注中披露将净利润调节为经营活动现金流量、不涉及现金收支的重大投资和筹资活动、现金及现金等价物净变动等信息。

（1）将净利润调节为经营活动现金流量。

现金流量表采用直接法反映经营活动产生的现金流量，同时，企业还应采用间接法反映经营活动产生的现金流量。间接法，是指以本期净利润为起点，通过调整不涉及现金的收入、费用、营业外收支以及经营性应收应付等项目的增减变动，调整不属于经营活动的现金收支项目，据此计算并列报经营活动产生的现金流量的方法。在我国，现金流量表补充资料应采用间接法反映经营活动产生的现金流量情况，以对现金流量表中采用直接法反映的经营活动现金流量进行核对和补充说明。

采用间接法列报经营活动产生的现金流量时，需要对 4 大类项目进行调整：实际没有支付现金的费用；实际没有收到现金的收益；不属于经营活动的损益；经营性应收应付项目的增减变动。

（2）不涉及现金收支的重大投资和筹资活动。

不涉及现金收支的重大投资和筹资活动，反映企业一定期间内影响资产或负债但不形成该期现金收支的所有投资和筹资活动的信息。这些投资和筹资活动虽然不涉及现金收支，但对以后各期的现金流量有重大影响，例如，企业融资租入设备，将形成的负债记入“长期应付款”账户，当期并不支付设备款及租金，但以后各期必须为此支付现金，从而在一定期间内形成了一项固定的现金支出。

企业应当在附注中披露不涉及当期现金收支、但影响企业财务状况或在未来可能影响企业现金流量的重大投资和筹资活动，主要包括：债务转为资本，反映企业本期转为资本的债务金额；一年内到期的可转换公司债券，反映企业一年内到期的可转换公司债券的本息；融资租入固定资产，反映企业本期融资租入的固定资产。

（3）现金和现金等价物的构成。

企业应当在附注中披露与现金和现金等价物有关的下列信息：现金和现金等价物的构成及其在资产负债表中的相应金额；企业持有但不能由母公司或集团内其他子公司使用的大额现金和现金等价物金额。企业持有现金和现金等价物余额但不能被集团使用的情形多种多样，例如，国外经营的子公司，由于受当地外汇管制或其他立法的限制，其持有的现金和现金等价物，不能由母公司或其他子公司正常使用。

三、现金流量表的编制方法及程序

1. 直接法和间接法

编制现金流量表时，列报经营活动现金流量的方法有两种，一是直接法，一是间接法。在直接法下，一般是以利润表中的营业收入为起算点，调节与经营活动有关的项目的增减变动，然后计算出经营活动产生的现金流量。在间接法下，将净利润调节为经营活动现金流量，实际上就是将按权责发生制原则确定的净利润调整为现金净流入，并剔除投资活动和筹资活动对现金流量的影响。

采用直接法编报的现金流量表，便于分析企业经营活动产生的现金流量的来源和用途，预测企业现金流量的未来前景。采用间接法编报现金流量表，便于将净利润与经营活动产生的现金流量净额进行比较，了解净利润与经营活动产生的现金流量差异的原因，从现金流量的角度分析净利润的质量。所以，我国企业会计准则规定企业应当采用直接法编报现金流量表，同时要求在附注中提供以净利润为基础调节到经营活动现金流量的信息。

2. 工作底稿法、T 形账户法和分析填列法

在具体编制现金流量表时，可以采用工作底稿法或 T 形账户法，也可以根据有关科目记录分析填列。

（1）工作底稿法。

采用工作底稿法编制现金流量表，是以工作底稿为手段，以资产负债表和利润表数据为基础，对每一项目进行分析并编制调整分录，从而编制现金流量表。工作底稿法的程序是：

第一步，将资产负债表的期初数和期末数过入工作底稿的期初数栏和期末数栏。

第二步，对当期业务进行分析并编制调整分录。编制调整分录时，要以利润表项目为基础，从“营业收入”开始，结合资产负债表项目逐一进行分析。在调整分录中，有关现金和现金等价物的事项，并不直接借记或贷记现金，而是分别记入“经营活动产生的现金流量”“投资活动产生的现金流量”“筹资活动产生的现金流量”有关项目，借记表示现金流入，贷记表示现金流出。

第三步，将调整分录过入工作底稿中的相应部分。

第四步，核对调整分录，借方、贷方合计数均已经相等，资产负债表项目期初数加减调整分录中的借贷金额以后，也等于期末数。

第五步，根据工作底稿中的现金流量表项目部分编制正式的现金流量表。

（2）T形账户法。

采用T形账户法编制现金流量表，是以T形账户为手段，以资产负债表和利润表数据为基础，对每一项目进行分析并编制调整分录，从而编制现金流量表。T形账户法的程序是：

第一步，为所有的非现金项目（包括资产负债表项目和利润表项目）分别开设T形账户，并将各自的期末期初变动数过入各该账户。如果项目的期末数大于期初数，则将差额过入和项目余额相同的方向；反之，过入相反的方向。

第二步，开设一个大的“现金及现金等价物”T形账户，每边分为经营活动、投资活动和筹资活动3个部分，左边记现金流入，右边记现金流出。与其他账户一样，过入期末期初变动数。

第三步，以利润表项目为基础，结合资产负债表分析每一个非现金项目的增减变动，并据此编制调整分录。

第四步，将调整分录过入各T形账户，并进行核对，该账户借贷相抵后的余额与原先过入的期末期初变动数应当一致。

第五步，根据大的“现金及现金等价物”T形账户编制正式的现金流量表。

（3）分析填列法。

分析填列法是直接根据资产负债表、利润表和有关会计科目明细账的记录，分析计算出现金流量表各项目的金额，并据以编制现金流量表的一种方法。

四、现金流量表编制示例

【例9－3】沿用［例9－1］和［例9－2］的资料，朝雅房地产开发股份有限公司其他相关资料如下：

1. 利润表明细资料

2016年度利润表有关项目的明细资料如下：

（1）管理费用的组成：职工薪酬17 100元，无形资产摊销60 000元，折旧费20 000元，支付其他费用60 000元。

（2）财务费用的组成：计提借款利息11 500元，支付应收票据（银行承兑汇票）贴现利息30 000元。

（3）资产减值损失的组成：计提坏账准备900元，计提固定资产减值准备30 000元。上年年末坏账准备余额为900元。

（4）投资收益的组成：收到股息收入30 000元，与本金一起收回的交易性股票投资收益 500 元，自公允价值变动损益结转投资收益1 000元。

（5）营业外收入的组成：处置固定资产净收益 50 000 元（其所处置固定资产原价为 400 000 元，累计折旧为 150 000 元，收到处置收入 300 000 元）。假定不考虑与固定资产处置有关的税费。

（6）营业外支出的组成：报废固定资产净损失 19 700 元（其所报废固定资产原价为 200 000 元，累计折旧为 180 000 元，支付清理费用 500 元，收到残值收入 800 元）。

（7）所得税费用的组成：当期所得税费用 92 800 元，递延所得税收益 7 500 元。

除上述项目外，利润表中的销售费用 20 000 元至期末已经支付。

2. 资产负债表明细资料

资产负债表有关项目的明细资料如下：

（1）本期收回交易性股票投资本金 15 000 元、公允价值变动 1 000 元，同时实现投资收益 500 元。

（2）存货中生产成本、制造费用的组成：职工薪酬 324 900 元、折旧费 80 000 元。

（3）应交税费的组成：本期增值税进项税额 42 466 元，增值税销项税额 212 500 元，已交增值税 100 000 元；应交所得税期末余额为 20 097元，应交所得税期初余额为 0；应交税费期末数中应由在建工程负担的部分为 100 000 元。

（4）应付职工薪酬的期初数无应付在建工程人员的部分，本期支付在建工程人员职工薪酬 200 000 元，应付职工薪酬的期末数中应付在建工程人员的部分为 28 000 元。

（5）应付利息均为短期借款利息，其中本期计提利息 11 500 元，支付利息 12 500 元。

（6）本期用现金购买固定资产101 000元，购买工程物资300 000元。

（7）本期用现金偿还短期借款250 000元，偿还一年内到期的长期借款1 000 000元；借入长期借款560 000元。

根据以上资料，采用分析填列的方法，编制朝雅房地产开发股份有限公司2016年度的现金流量表。

1. 计算现金流量表各项目的金额

朝雅房地产开发股份有限公司2016年度现金流量表各项目金额，分析确定如下：

（1）销售商品、提供劳务收到的现金＝主营业务收入＋应交税费（应交增值税——销项税额）＋（应收账款年初余额－应收账款期末余额）＋（应收票据年初余额－应收票据期末余额）－当期计提的坏账准备－票据贴现的利息＝1 250 000＋212 500＋（299 100－598 200）＋（246 000－66 000）－900－30 000＝1 312 500（元）

（2）购买商品、接受劳务支付的现金＝主营业务成本＋应交税费（应交增值税——进项税额）－（存货年初余额－存货期末余额）＋（应付账款年初余额－应付账款期末余额）＋（应付票据年初余额－应付票据期末余额）＋（预付账款期末余额－预付账款年初余额）－当期列入生产成本、制造费用的职工薪酬－当期列入生产成本、制造费用的折旧费和固定资产修理费＝750 000＋42 466－（2 580 000－2 484 700）＋（953 800－953 800）＋（200 000－100 000）＋（100 000－100 000）－324 900－80 000＝392 266（元）

（3）支付给职工以及为职工支付的现金＝生产成本、制造费用、管理费用中职工薪酬＋（应付职工薪酬年初余额－应付职工薪酬期末余额）－［（应付职工薪酬——在建工程）年初余额－（应付职工薪酬——在建工程）期末余额］＝324 900＋17 100＋（110 000－

180 000）－（0－28 000） =300 000（元）

（4）支付的各项税费=当期所得税费用+营业税金及附加+应交税费——应交增值税——已交税金－（应交所得税期末余额－应交所得税期初余额） =92 800+2 000+100 000－（20 097－0） =174 703（元）

（5）支付其他与经营活动有关的现金=其他管理费用+销售费用=60 000+20 000=80 000（元）

（6）收回投资收到的现金=交易性金融资产贷方发生额+与交易性金融资产一起收回的投资收益=16 000+500=16 500（元）

（7）取得投资收益所收到的现金=收到的股息收入=30 000（元）

（8）处置固定资产收回的现金净额=300 000+（800－500） =300 300（元）

（9）购建固定资产支付的现金=用现金购买的固定资产、工程物资+支付给在建工程人员的薪酬=101 000+300 000+200 000=601 000（元）

（10）取得借款所收到的现金=560 000（元）

（11）偿还债务支付的现金=250 000+1 000 000=1 250 000（元）

（12）偿还利息支付的现金=12 500（元）

2. 将净利润调节为经营活动现金流量

将净利润调节为经营活动现金流量，各项目计算分析如下：

（1）资产减值准备=900+30 000=30 900（元）

（2）固定资产折旧=20 000+80 000=100 000（元）

（3）无形资产摊销=60 000（元）

（4）处置固定资产、无形资产和其他长期资产的损失（减：收益） =－50 000（元）

（5）固定资产报废损失=19 700（元）

（6）财务费用=11 500（元）

（7）投资损失（减：收益）=－31 500（元）

（8）递延所得税资产减少=0－7 500=－7 500（元）

（9）存货的减少=2 580 000－2 484 700=95 300（元）

（10）经营性应收项目的减少=（246 000－66 000）+（299 100+900－598 200－1 800）=－120 000（元）

（11）经营性应付项目的增加=（100 000－200 000）+（100 000－100 000）+［（180 000－28 000）－110 000］+［（226 731－100 000）－36 600］=32 131（元）

3. 编制现金流量表

根据上述数据，编制现金流量表（如表9－6所示）及其补充资料（如表9－7所示）。

表9－6 现金流量表

会企03表

编制单位：朝雅房地产开发股份有限公司　　2016年　　单位：元

项　　目	本期金额	上期金额
一、经营活动产生的现金流量：		略
销售商品、提供劳务收到的现金	1 312 500	
收到的税费返还	0	
收到其他与经营活动有关的现金	0	
经营活动现金流入小计	1 312 500	
购买商品、接受劳务支付的现金	392 266	
支付给职工以及为职工支付的现金	300 000	
支付的各项税费	174 703	
支付其他与经营活动有关的现金	80 000	
经营活动现金流出小计	946 969	
经营活动产生的现金流量净额	365 531	

续表

项　　目	本期金额	上期金额
二、投资活动产生的现金流量：		
收回投资收到的现金	16 500	
取得投资收益收到的现金	30 000	
处置固定资产、无形资产和其他长期资产收回的现金净额	300 300	
处置子公司及其他营业单位收到的现金净额	0	
收到其他与投资活动有关的现金	0	
投资活动现金流入小计	346 800	
购建固定资产、无形资产和其他长期资产支付的现金	601 000	
投资支付的现金	0	
取得子公司及其他营业单位支付的现金净额	0	
支付其他与投资活动有关的现金	0	
投资活动现金流出小计	601 000	
投资活动产生的现金流量净额	-254 200	
三、筹资活动产生的现金流量：		
吸收投资收到的现金	0	
取得借款收到的现金	560 000	
收到其他与筹资活动有关的现金	0	
筹资活动现金流入小计	560 000	
偿还债务支付的现金	1 250 000	
分配股利、利润或偿付利息支付的现金	12 500	
支付其他与筹资活动有关的现金	0	
筹资活动现金流出小计	1 262 500	
筹资活动产生的现金流量净额	-702 500	
四、汇率变动对现金及现金等价物的影响	0	
五、现金及现金等价物净增加额	-591 169	
加：期初现金及现金等价物余额	1 406 300	
六、期末现金及现金等价物余额	815 131	

表 9－7　现金流量补充资料

补充资料	本期金额	上期金额
一、将净利润调节为经营活动现金流量：		略
净利润	225 000	
加：资产减值准备	30 900	
固定资产折旧、油气资产折耗、生产性生物资产折旧	100 000	
无形资产摊销	60 000	
长期待摊费用摊销	0	
处置固定资产、无形资产和其他长期资产的损失（收益以“－”号填列）	－50 000	
固定资产报废损失（收益以“－”号填列）	19 700	
公允价值变动损失（收益以“－”号填列）	0	
财务费用（收益以“－”号填列）	11 500	
投资损失（收益以“－”号填列）	－31 500	
递延所得税资产减少（增加以“－”号填列）	－2 500	
递延所得税负债增加（减少以“－”号填列）	0	
存货的减少（增加以“－”号填列）	95 300	
经营性应收项目的减少（增加以“－”号填列）	－120 000	
经营性应付项目的增加（减少以“－”号填列）	32 131	
其他	0	
经营活动产生的现金流量净额	370 531	
二、不涉及现金收支的重大投资和筹资活动：		
债务转为资本	0	
一年内到期的可转换公司债券	0	
融资租入固定资产	0	
三、现金及现金等价物净变动情况：		
现金的期末余额	815 131	
减：现金的期初余额	1 406 300	

续表

补充资料	本期金额	上期金额
加：现金等价物的期末余额	0	
减：现金等价物的期初余额	0	
现金及现金等价物净增加额	–591 169	

第四节 所有者权益变动表

一、所有者权益变动表的内容及结构

1. 所有者权益变动表的内容

所有者权益变动表是指反映构成所有者权益各组成部分当期增减变动情况的报表。所有者权益变动表应当全面反映一定时期所有者权益变动的情况，不仅包括所有者权益总量的增减变动，还包括所有者权益增减变动的重要结构性信息，特别是要反映直接计入所有者权益的利得和损失，让报表使用者准确理解所有者权益增减变动的根源。

在所有者权益变动表中，企业至少应当单独列示反映下列信息的项目：净利润；直接计入所有者权益的利得和损失项目及其总额；会计政策变更和差错更正的累积影响金额；所有者投入资本和向所有者分配利润等；提取的盈余公积；实收资本或股本、资本公积、盈余公积、未分配利润的期初和期末余额及其调节情况。

2. 所有者权益变动表的结构

为了清楚地表明构成所有者权益的各组成部分当期的增减变动情

况，所有者权益变动表应当以矩阵的形式列示：一方面，列示导致所有者权益变动的交易或事项，改变了以往仅仅按照所有者权益的各组成部分反映所有者权益变动情况，而是从所有者权益变动的来源对一定时期所有者权益变动情况进行全面反映。另一方面，按照所有者权益各组成部分（包括实收资本、资本公积、盈余公积、未分配利润和库存股）及其总额列示交易或事项对所有者权益的影响。此外，企业还需要提供比较所有者权益变动表，所有者权益变动表还就各项目再分为“本年金额”和“上年金额”两栏分别填列。

二、所有者权益变动表的填列方法

1. 上年金额栏的填列方法

所有者权益变动表“上年金额”栏内各项数字，应根据上年度所有者权益变动表“本年金额”栏内所列数字填列。如果上年度所有者权益变动表规定的各个项目的名称和内容同本年度不相一致，应对上年度所有者权益变动表各项目的名称和数字按本年度的规定进行调整，填入所有者权益变动表“上年金额”栏内。

2. 本年金额栏的填列方法

所有者权益变动表“本年金额”栏内各项数字一般应根据“实收资本（或股本）”“资本公积”“盈余公积”“利润分配”“库存股”“以前年度损益调整”科目的发生额分析填列。

三、所有者权益变动表编制示例

【例9-4】沿用［例9-1］、［例9-2］和［例9-3］的资料，朝雅房地产开发股份有限公司其他相关资料为：提取盈余公积 24 770.40 元，向投资者分配现金股利 32 215.85 元。

根据上述资料，朝雅房地产开发股份有限公司编制 2016 年度的所有者权益变动表，如表 9-8 所示。

表 9－8　所有者权益变动表

会企 04 表

编制单位:朝雅房地产开发股份有限公司　　2016 年度　　单位:元

项　目	本年金额						上年金额					
	实收资本(或股本)	资本公积	减:库存股	盈余公积	未分配利润	所有者权益合计	实收资本(或股本)	资本公积	减:库存股	盈余公积	未分配利润	所有者权益合计
一、上年年末余额	5 000 000	0	0	100 000	50 000	5 150 000						
加:会计政策变更												
前期差错更正												
二、本年年初余额	5 000 000	0	0	100 000	50 000	5 150 000						
三、本年增减变动金额(减少以“－”号填列)												
(一)净利润					225 000	225 000						
(二)直接计入所有者权益的利得和损失												
1. 可供出售金融资产公允价值变动净额												
2. 权益法下被投资单位其他所有者权益变动的影响												

续表

项目	本年金额						上年金额					
	实收资本(或股本)	资本公积	减:库存股	盈余公积	未分配利润	所有者权益合计	实收资本(或股本)	资本公积	减:库存股	盈余公积	未分配利润	所有者权益合计
3. 与计入所有者权益项目相关的所得税影响												
4. 其他												
上述(一)和(二)小计												
(三)所有者投入和减少资本												
1. 所有者投入资本												
2. 股份支付计入所有者权益的金额												
3. 其他												
(四)利润分配												
1. 提取盈余公积				24 770.40	-24 770.40	0						
2. 对所有者(或股东)的分配					-32 215.85	-32 215.85						
3. 其他												

续表

项目	本年金额						上年金额					
	实收资本（或股本）	资本公积	减：库存股	盈余公积	未分配利润	所有者权益合计	实收资本（或股本）	资本公积	减：库存股	盈余公积	未分配利润	所有者权益合计
（五）所有者权益内部结转												
1. 资本公积转增资本（或股本）												
2. 盈余公积转增资本（或股本）												
3. 盈余公积弥补亏损												
4. 其他												
四、本年年末余额	5 000 000	0	0	124 770. 40	218 013. 75	5 342 784. 15						

第五节 附注

附注是对资产负债表、利润表、现金流量表和所有者权益变动表等报表中列示项目的文字描述或明细资料，以及对未能在这些报表中列示项目的说明等。附注是财务报表的重要组成部分。附注应当按照如下顺序披露有关内容：

一、企业的基本情况

企业的基本情况主要包括以下几个方面：

（1）企业注册地、组织形式和总部地址；

（2）企业的业务性质和主要经营活动；

（3）母公司以及集团最终母公司的名称；

（4）财务报告的批准报出者和财务报告批准报出日。

二、财务报表的编制基础

财务报表的编制基础必须清楚列明，主要包括以下内容：

（1）会计年度；

（2）记账本位币；

（3）会计计量所运用的计量基础；

（4）现金和现金等价物的构成。

三、遵循企业会计准则的声明

企业应当明确说明编制的财务报表符合企业会计准则的要求，真实、公允地反映了企业的财务状况、经营成果和现金流量等有关信息，以此明确企业编制财务报表所依据的制度基础。

如果企业编制的财务报表只是部分地遵循了企业会计准则，附注中不得作出这种表述。

四、重要会计政策和会计估计

企业应当披露采用的重要会计政策和会计估计，不重要的会计政策和会计估计可以不披露。

1. 重要会计政策的说明

由于企业经济业务的复杂性和多样化，某些经济业务可以有多种会计处理方法，也即存在不止一种可供选择的会计政策。企业在发生某项经济业务时，必须从允许的会计处理方法中选择适合本企业特点的会计政策，企业选择不同的会计处理方法，可能极大地影响企业的财务状况和经营成果，进而编制出不同的财务报表。为了有助于使用者理解，有必要对这些会计政策加以披露。

需要特别指出的是，说明会计政策时还需要披露下列两项内容：

（1）财务报表项目的计量基础。会计计量属性包括历史成本、重置成本、可变现净值、现值和公允价值，这直接显著影响报表使用者的分析，这项披露要求便于使用者了解企业财务报表中的项目是按何种计量基础予以计量的，如存货是按成本还是可变现净值计量等。

（2）会计政策的确定依据。主要是指企业在运用会计政策过程中所作的对报表中确认的项目金额最具影响的判断。例如，企业如何判断持有的金融资产是持有至到期的投资而不是交易性投资。又比如，对于拥有的持股不足50%的关联企业，企业为何判断企业拥有控制权因此将其纳入合并范围。再比如，企业如何判断与租赁资产相关的所有风险和报酬已转移给企业，从而符合融资租赁的标准。以及投资性房地产的判断标准是什么等，这些判断对在报表中确认的项目金额具有重要影响。因此，这项披露要求有助于使用者理解企业选择和运用会计政策的背景，增加财务报表的可理解性。

2. 重要会计估计的说明

企业应当披露会计估计中所采用的关键假设和不确定因素的确定依据，这些关键假设和不确定因素在下一会计期间内很可能导致资产、负债账面价值进行重大调整。在确定报表中确认的资产和负债的账面金额过程中，企业有时需要对不确定的未来事项在资产负债表日对这些资产和负债的影响加以估计。例如，固定资产可收回金额的计算需要根据其公允价值减去处置费用后的净额与预计未来现金流量的现值两者之间的较高者确定，在计算资产预计未来现金流量的现值时需要对未来现金流量进行预测，并选择适当的折现率，应当在附注中披露未来现金流量预测所采用的假设及其依据、所选择的折现率为什么是合理的，等等。这些假设的变动对这些资产和负债项目金额的确定影响很大，有可能会在下一个会计年度内作出重大调整。因此，强调这一披露要求，有助于提高财务报表的可理解性。

五、会计政策和会计估计变更以及差错更正的说明

企业应当按照《企业会计准则第28号——会计政策、会计估计变更和差错更正》及其应用指南的规定，披露会计政策和会计估计变更以及差错更正的有关情况。

六、重要报表项目的说明

企业应当以文字和数字描述相结合、尽可能以列表形式披露重要报表项目的构成或当期增减变动情况，并与报表项目相互参照。在披露顺序上，一般应当按照资产负债表、利润表、现金流量表、所有者权益变动表的顺序及其报表项目列示的顺序。

七、其他需要说明的重要事项

这主要包括或有和承诺事项、资产负债表日后非调整事项、关联方关系及其交易等。